O PULO DA GATA

histórias de lideranças femininas para inspirar

O PULO DA GATA

histórias de lideranças femininas para inspirar

Cibele Ribeiro Arnaldi
Raquel Borges Falcão
Soraya Borges dos Santos

editora PASAVENTO

Editores
Marcelo Nocelli
João Hélio de Moraes

Revisão
Marcelo Nocelli
Natália Souza

Foto de capa
iStockphoto

Projeto gráfico
Raquel Borges Falcão

Design e editoração eletrônica
Negrito Produção Editorial

Dados Internacionais de Catalogação na Publicação (CIP)
Bibliotecária Juliana Farias Motta (CRB 7/5880)

Arnaldi, Cibele Ribeiro
O pulo da gata: histórias de lideranças femininas para inspirar / Cibele Ribeiro Arnaldi, Raquel Borges Falcão, Soraya Borges dos Santos, – São Paulo: Reformatório, 2024.
240 p.: 16 x 23 cm

ISBN 978-85-68222-49-2

1. Mulheres nos negócios 2. Liderança. 3 Sucesso nos negócios. I Arnaldi, Cibele Ribeiro. II Falcão, Raquel Borges. III Santos, Soraya Borges dos. IV. Título: histórias de lideranças femininas para inspirar.

A743p CDD 650.409082

Índices para catálogo sistemático:
1. Mulheres nos negócios
2. Liderança
3. Sucesso nos negócios

EDITORA NOCELLI LTDA
www.reformatorio.com.br

Este livro é dedicado a todas as mulheres: às meninas, moças, senhoritas e senhoras. Às líderes de causas, de empresas, de famílias, de comunidades e de si próprias. Às amigas, irmãs, filhas, tias, avós, madrastas, mães e não mães. Às que lutam diariamente pelo direto de serem mulheres e às que talvez não percebam a fortaleza que têm dentro de si. Às que em algum momento – talvez agora – acharam que tinham de vestir uma máscara para se sentirem fortes, sendo que o necessário era serem elas mesmas. Às que precisam assumir responsabilidades que deviam ser compartilhadas e às que compõem uma fração da sociedade que já vive de forma igualitária. Aos infinitos tipos de mulheres que, com sua coragem intrínseca, ocupam espaços e mudam o mundo.

Raquel Borges, inspirada por um texto de Ligia Miranda

“Ser mulher não é uma realidade biológica, tampouco mera descrição objetiva. Ser mulher é um status social e político que informa e deforma a maneira como somos (des)tratadas e vistas (ou invisibilizadas) na sociedade em que vivemos. Sim, somos dessas feministas que aprenderam com as que vieram antes de nós a enxergar gênero em tudo. Não se trata de opinião: sabemos que todas as nossas relações — pessoais, afetivas, profissionais, formais e informais — são marcadas pelas diferenças que determinam maneiras distintas pelas quais homens e mulheres, meninos e meninas são socializados. Nós, mulheres, trans e cis, existimos em um mundo bastante diferente daquele frequentado pelos homens, sobretudo os brancos, héteros e de elite. O masculino e o feminino não são somente modos de categorizar. Homens e mulheres não são simplesmente diferentes em nossa sociedade. As diferenças orientam a construção de hierarquias sociais que atuam sobre nós na internalização dessas discrepâncias. Ou seja, as supostas diferenças entre homens e mulheres acabam funcionando como marcas da superioridade política e social masculina e muitas vezes são internalizadas por nós. Essa internalização de diferenças socialmente construídas afeta a nossa identidade e o nosso senso de individualidade. Isso significa que adotamos como traços da nossa personalidade padrões que foram construídos e impostos, o que nos faz reproduzir as hierarquias de gênero estabelecidas de forma artificial em nossa sociedade.”

Trecho de “Mulher, roupa, trabalho: como se veste a desigualdade de gênero”, de Mayra Cotta e Thais Farage (Editora Paralela, 2021)

Sumário

Apresentação

Faz alguns anos que nós da Senses Aprendizagem sonhávamos publicar um livro que apresentasse um pouco do nosso olhar sobre desenvolvimento humano no campo da liderança. Mais especificamente sobre liderança feminina, tema muito presente em nossa realidade de três sócias mulheres. Toca fundo em nossos corações perceber os desafios enfrentados, ainda nos dias de hoje, pelas mulheres que ocupam posições de liderança em nosso país e no mundo. Acreditamos que conversas abertas e francas sobre sororidade, assédio, maternidade, educação e outros tópicos que você encontrará neste livro são essenciais para criarmos uma cultura mais inclusiva e equitativa no ambiente de trabalho e na sociedade em geral.

Nosso projeto começou a tomar forma em 2023. Olhando em volta, percebemos a força das mulheres líderes atuantes em nossa rede. Desse grupo fazem parte não apenas as consultoras da Senses Aprendizagem, mas um círculo que se expande para clientes, parceiras, colaboradoras, amigas e parentes. Como o nosso objetivo sempre foi descobrir e desenvolver a força do aprendizado em rede, abraçamos essa ideia com alegria.

Começamos por convidar algumas mulheres que se dispuseram a responder a um questionário para levantamento dos principais dilemas da liderança feminina. A partir da tabulação dos resultados, definimos os principais aspectos que envolvem a vida e a carreira de mulheres que se desdobram diariamente em muitas para concretizar seus sonhos e, de quebra, facilitar que outras também corram atrás dos delas. No mundo empresarial, na família e na comunidade.

Definidos os conteúdos, aprofundamos nossas percepções em conversas com mulheres inspiradoras. Cada uma nos presenteou com a narração de sua trajetória, incluindo como adquiriram conhecimento e de que forma encararam as diversas barreiras e lograram conquistas importantes. As histórias contadas por essas vozes femininas nos apontam caminhos possíveis para a construção de um mundo em que não haja lugar para preconceito e discriminação. E no qual possamos desenvolver nossas potencialidades apoiadas em relacionamentos equilibrados, respeitosos e saudáveis. Vamos caminhar juntas nesta jornada de equidade?

Agradecemos a todas as mulheres que doaram seu tempo, sua atenção e seu carinho para que este livro chegasse às suas mãos.

Sobre a Senses Aprendizagem

Somos uma empresa de consultoria e treinamento que atua no campo de desenvolvimento humano e organizacional. As experiências que oferecemos resultam em aprendizado consistente e transformação sustentável.

Atuamos como uma equipe multidisciplinar, majoritariamente feminina, liderada pelas três sócias fundadoras. Nossa rede de parceiros permite criar e personalizar caminhos de aprendizagem de acordo com as necessidades dos clientes.

Idealizamos e construímos soluções conjuntas de forma a gerar engajamento dos profissionais. Desenvolvemos conteúdos consistentes com formato inovador, interativo e divertido.

Acreditamos em:

- Desenvolver pessoas a partir da potencialização de seus talentos e fortalezas.
- Buscar a transformação por meio da autorreflexão.
- Construir e realizar o processo de desenvolvimento de forma compartilhada e orgânica.

Histórias inspiradoras por uma sociedade equânime

Por Soraya Borges dos Santos

> "(...) ou a natureza estabeleceu uma grande diferença entre um homem e outro ou a civilização que até agora conhecemos tem sido muito parcial. Repassei vários livros escritos sobre o tema da educação e, pacientemente, observei a conduta dos pais e da administração das escolas; qual foi o resultado? Uma profunda convicção de que a educação negligenciada de meus semelhantes é a principal causa da miséria que deploro e de que as mulheres, em particular, são tornadas fracas e infelizes por uma variedade de causas concomitantes."

Este é um trecho do livro "Reinvindicação dos Direitos da Mulher", de Mary Wollstonecraft[1], lançado originalmente em 1792 e publicado no Brasil pela Editora Boitempo. A autora sempre me provocou de forma positiva a repensar o meu papel como mãe, como mulher e como líder. Acho que, por um lado, é bem triste e preocupante ainda vivermos essa realidade. Mas penso também que precisamos ter um papel protagonista na transformação da sociedade, a qual, quanto mais equânime for, mais justa e feliz será.

---

1. Escritora e filósofa inglesa que viveu entre 1759 e 1797, defensora dos direitos das mulheres e considerada hoje uma das fundadoras da filosofia feminista.

Este é o propósito de juntarmos belas histórias: que sejam inspirações dessa transformação. É um privilégio fazer parte das histórias e da vida de várias das mulheres presentes nas páginas seguintes. Creio que juntas podemos dar pequenos passos e provocar o sistema em que atuamos. Este é o convite que deixo para todas e todos.

Todas as histórias contam

Por Raquel Borges Falcão

Para nós, viver é fazer conexões – conectar histórias, conectar pessoas... Este livro é também sobre isso. Nossa ideia é trazer para o mundo, ou pelo menos para o nosso pedacinho do mundo, relatos, opiniões, conflitos e conquistas vivenciadas por mulheres que conhecemos e honramos. Experiências que, acreditamos, merecem ser conhecidas por mais gente.

Este livro trata de vários temas: de mudança de país ao combate às diversas formas de intolerância – entre elas (e não só), a homofobia, a transfobia e o racismo. De dificuldades para se locomover e estudar até a formação de grupos de apoio. Há relatos sobre ações das mais corriqueiras que executamos no dia a dia, como a de buscar filhos na escola, até grandes desafios, como a luta contra as mudanças climáticas que afetam todo o globo terrestre.

As mulheres que aqui compartilham episódios de suas vidas são realmente pessoas que a gente precisa ouvir. O que esperamos com este livro é que você possa conhecer, se inspirar e se apaixonar por estas histórias. E que, ao ler, perceba que a sua própria história vale ser contada, honrada e admirada.

A força de ser quem somos

Por Cibele Ribeiro Arnaldi

Somos múltiplas, diversas, diferentes e complementares, somos fortes e intensas, somos mulheres que buscam umas nas outras inspirações para viver com propósito.

Precisamos de espaço, força e acolhimento para podermos assumir nossa forma e intenção, mostrando ao mundo as diversas facetas de ser mulher. Acima de tudo, é preciso ter orgulho de ser quem se é.

É na mescla da força e da beleza que vamos construir a rede do feminino, assumindo que nossas fortalezas se complementam às vulnerabilidades. Assim estaremos vivendo com leveza e profundidade ciclos virtuosos de conexões.

Se estamos neste momento de mundo é porque tivemos mulheres que se desafiaram e se colocaram como protagonistas de suas histórias. Elas reconheceram a força de sua voz.

Este livro traz várias dessas vozes. Espero que você possa ouvi-las e se inspirar para também gerar movimentos, ciclos crescentes de força e leveza para a construção da nossa rede do feminino.

Vamos criar conexões! Caminhar com troca e apoio, mostra o quanto podemos prover formas mais colaborativas de mover o mundo.

Que bom que, nessa caminhada, vamos sempre juntas!

A diferença na prática

Por João Hélio de Moraes

Na tarde em que fizemos a segunda reunião por Zoom, ainda nos preparativos para escrever este livro, tive um exemplo claro do que significa ser multitarefa. E de como ocorre na prática a diferença entre os gêneros, condição que, desnecessário dizer, é um dos principais assuntos deste livro.

Depois de expormos nossas ideias, distribuirmos as tarefas e agendarmos os passos seguintes, cada um de nós comentou o que teria de fazer assim que desligasse o computador. A Soraya, que participou da reunião diretamente da cozinha, contou que estava finalizando os pratos que serviria para um grande grupo de convidados que dali a poucas horas tocaria a campainha. A Cibele, que várias vezes durante o encontro teve de desligar o som para responder a alguém fora da tela (filho? marido?) e cujas falas foram outras tantas vezes interrompidas pelos latidos de seu cachorro, disse que sua família a aguardava para que ela resolvesse certas pendências da casa. E a Raquel, visivelmente aflita, revelou que estava controlando o relógio para não atrasar ainda mais a reunião de trabalho seguinte marcada em sua agenda – e que já devia ter começado.

Eu, de minha parte, como o único homem nesse microuniverso atarefadamente feminino, não tinha nada urgente para fazer a não ser esperar a hora do jogo na TV.

Nota

As informações constantes nos textos a seguir se referem ao segundo semestre de 2023, quando as entrevistas foram realizadas.

1

Equilíbrio entre trabalho e vida pessoal

Na sociedade brasileira prevalece o entendimento de que as obrigações relacionadas com a reprodução constituem uma "habilidade natural" das mulheres e que, portanto, são de sua responsabilidade exclusiva. Essa forma de pensar, que serve de base para os padrões de discriminação de gênero, restringe o acesso feminino ao mercado de trabalho e dificulta muito o rendimento, a ascensão profissional e a participação política das mulheres. A conclusão é do estudo nacional "Políticas de Equilíbrio de Trabalho, Família e Vida Pessoal no Brasil: Avanços e desafios no início do século XXI", divulgado em 2009 pelo Escritório da Organização Internacional do Trabalho (OIT) no Brasil, em cooperação com a Secretaria Especial de Políticas para as Mulheres da Presidência da República.[1]

O trabalho faz um levantamento das medidas de proteção às mulheres trabalhadoras adotadas em nível mundial sob o incentivo da OIT desde sua fundação, em 1919. No caso do Brasil, reconhece as conquistas de conciliação entre trabalho, família e a vida pessoal presentes na Constituição de 1988, entre elas a definição da "igualdade entre homens e mulheres perante a lei e a punição às manifestações

1. https://www.ilo.org/wcmsp5/groups/public/—americas/—ro-lima/—ilo-brasilia/documents/publication/wcms_229331.pdf

de discriminação racial, assim como outros direitos relativos à equidade de gênero e raça no mundo do trabalho. Estavam garantidos, por exemplo, a proibição de diferenciais salariais e de critérios de admissão por motivo de sexo, cor e estado civil e o descanso remunerado da gestante, antes e depois do parto, sem prejuízo de seu emprego e salário".

Mesmo vedadas pela legislação, as formas de discriminação não desaparecem de uma hora para outra na sociedade. Na prática, o que se vê é a manutenção de comportamentos relacionados com o que a psicóloga Vera Iaconelli chama de "maternalismo", ou seja, a ideia de que a responsabilidade e o cuidado cabem exclusivamente às mulheres. Ela explica que essa ideologia entrou em xeque a partir do século 19, quando a mulher também passou a se responsabilizar pela provisão da família. A autora do livro "Manifesto Antimaternalista" defende que a necessidade de conciliar a função maternal com as demandas do trabalho e das obrigações sociais faz com que muitas mulheres sintam culpa por não conseguirem dar conta de tudo. Essa condição estaria levando ao adoecimento de muitas delas: "Até brinco que as mulheres passaram de ser queimadas na fogueira para ser queimadas pelo *burnout*", disse Vera em entrevista.[1]

No Brasil, a igualdade determinada pela Constituição está longe de se tornar realidade. Estudo publicado em 2023 pelo Instituto de Pesquisa Econômica Aplicada (Ipea) afere o resultado da disparidade entre os gêneros:[2] "o simples fato de ser mulher leva a um acréscimo de 11 horas semanais no trabalho doméstico e nos cuidados não remunerados". A partir dos relatos reunidos neste capítulo é possível entender um pouco mais das dificuldades dessas mulheres que equilibram

1. "Nós estamos capturadas pela fantasia da performance", entrevista a Aline Ribeiro em O Globo, 10/9/23.
2. "Estudo aponta desigualdade de gênero no trabalho doméstico e de cuidados não remunerado no Brasil", reportagem publicada em 04/10/2023 no portal do Ipea. A íntegra do estudo está disponível em https://ipea.gov.br/portal/publicacao-item?id=edafc8c2-7a78-44e1-a524-5c19e93afc37

vários chapéus em sua jornada e conhecer as técnicas que cada uma desenvolveu para tocar a vida sem perder a saúde física e mental.

'Eu me organizo porque meu tempo é muito valioso'

A fórmula encontrada por **Paula Giannetti**,[1] diretora de Recursos Humanos na indústria química Unipar, se baseia na organização das tarefas. "Eu acho que a questão da organização é o que faz viabilizar tudo. É um pouco de como você balanceia as coisas, como concilia ser mãe, esposa, profissional, professora... Eu me organizo, é por isso que dá tempo de fazer tudo." Ela ressalva que não chegou por acaso a esse entendimento, que resultou de muita reflexão ao longo de sua carreira. "Eu cheguei à conclusão de que o meu tempo é muito valioso. Não valioso no sentido de caro, é valioso pra mim, porque é a única coisa que eu tenho." Para uma pessoa que se define como essencialmente prática, Paula não deixa de usar argumentos de ordem filosófica: "Ninguém sabe quanto tempo tem para o resto da vida, não é mesmo? Pode ser até amanhã, pode ser daqui a uma semana, pode ser daqui a dez anos. Por isso sou muito seletiva no que é importante ser feito para quem quer que seja em qualquer uma das dimensões. O que eu acho que não é importante, tiro fora. E hoje estou cada vez pior nisso – ou *melhor*, quem sabe?".

'A mulher tem que se impor e dividir as tarefas'

Organização também é a palavra-chave para a atriz Camila da Rocha Vaz,[2] que administra o grupo teatral infantil Coruja EmCena. Mãe de duas meninas e no segundo casamento, ela dá a fórmula para as mulheres que desempenham várias funções ao longo do dia. "Então eu chego cansada porque fiz 30 mil coisas durante o dia no

---

1. Perfil na página 132
2. Perfil na página 190

“

Minha avó não saía para trabalhar, então a função dela era uma só, cuidar da casa. Aí a gente quis melhorar isso: ‘agora vamos lutar pelos nossos direitos’. Então, hoje a mulher também trabalha, o que é maravilhoso, só que ao mesmo tempo ainda ficou para ela aquela coisa lá da casa. Então, na verdade a gente lutou por uma coisa que quis muito, que é sair, enfrentar o dia a dia, ter nosso dinheiro próprio, nosso orgulho, mas aí como fazer se em casa continua aquele padrão da mulher de antigamente? – Camila da Rocha Vaz

”

trabalho. Só que ainda tem a casa, tem uma filha, tem a outra filha... Não que o meu marido não ajude, mas tem coisas que pela sociedade ou por tudo acabam caindo nas nossas costas. E como lidar com isso? É um malabarismo, mas eu acredito muito numa organização." Além de se autodisciplinar, ela diz que é indispensável dividir a enorme carga de trabalho cotidiana: "A gente tem que comandar uma divisão de tarefas. Por isso eu falo para a minha filha mais velha, de 15 anos: 'você separa e guarda a sua roupa', e para o meu marido: 'antes de dormir, você tem que lavar toda a louça para eu acordar e poder fazer a mamadeira da filha mais nova'".

Camila entende que o acúmulo de tarefas é consequência das contradições da vida moderna. "Minha avó não saía para trabalhar, então a função dela era uma só, cuidar da casa. Aí a gente quis melhorar isso: 'agora vamos lutar pelos nossos direitos'. Então, hoje a mulher também trabalha, o que é maravilhoso, só que ao mesmo tempo ainda ficou para ela aquela coisa lá da casa. Então, na verdade a gente lutou por uma coisa que quis muito, que é sair, enfrentar o dia a dia, ter nosso dinheiro próprio, nosso orgulho, mas aí como fazer se em casa continua aquele padrão da mulher de antigamente?" Ela não se abala diante de tema tão complexo e aponta o caminho, que ao menos para ela tem dado certo: "A mulher tem que se impor e dividir essas funções. Porque agora eu também faço parte, eu trabalho fora, né? A situação evoluiu de um lado, que foi a luta para conquistar nosso espaço fora, e agora entra essa outra que é dividir as tarefas de casa. Então, acho que uma luta a gente está vencendo, enquanto a outra a gente ainda tem que conquistar". E, de forma leve e sem tirar o sorriso do rosto, sintetiza a questão: "O mundo é machista".

'Para fazer carreira, precisamos trabalhar a nossa culpa'

A necessidade de dividir as tarefas domésticas foi vivida na prática por Andrea Menezes,[1] que preside o Conselho de Administração das Lojas Marisa e cuja carreira se desenvolveu em parte nos Estados Unidos, para onde se mudou com o então marido e os dois filhos pequenos. Em sua opinião, quando no casal o homem tem uma carreira bem-sucedida, resta à mulher se ocupar de um negócio menos exigente, para ter tempo de administrar a casa e cuidar dos filhos. "É uma forma de diminuir a culpa", opina ela. "Eu não tinha isso, eu me sentia bem trabalhando." Ela relata que mantém uma relação ótima com o ex-marido até hoje. "Gosto muito de ter feito essa jornada com ele. Nós não éramos um casal para continuar a jornada, isso está bastante claro entre nós, mas eu só consegui fazer o que fiz porque ele fez a parte dele como pai. Ele assumiu a paternidade dele."

Andrea reforça que o verdadeiro equilíbrio entre os pais implica que o homem precisa assumir tarefas importantes, não apenas "ajudar" um pouquinho. E dá como exemplo o acordo que o casal adotou na temporada americana. "Eu não participava de reunião na escola, porque sou briguenta. Como eu não queria que filho meu fosse expulso por eu brigar com a diretora, era ele quem resolvia essas questões. A gente também dividia as noites em que um tinha que ficar em casa para que o outro pudesse estudar francês, ou fazer academia, ou sair no *happy hour*, ou ir ao cinema. No segundo filho ficou mais difícil, aí não dava para fazer nada. Quando vem o segundo filho, o problema triplica, né?" Mas mesmo com o arranjo funcionando bem, era impossível não sentir o peso da dupla jornada. "Eu era muito feliz no trabalho, mas me sentia culpada, o que só foi melhorar quando o mais novo tinha 14 anos de idade. É aquela

---

1. Perfil na página 41

história: a gente está sempre culpada, é uma coisa insuportável. Já ser homem deve ser maravilhoso; os homens não carregam essa culpa. Enquanto a gente não tirar isso da gente mesma – e temos que trabalhar isso –, vai haver menos mulheres querendo ascender na carreira profissional."

'Conciliar a família e o trabalho não é tarefa fácil'

Se as líderes precisam se virar para dar conta das exigências do trabalho e da família, não é diferente para as demais colaboradoras das empresas. A experiência pessoal da médica Helidea Lima[1] acabou fazendo com que ela ampliasse a visão e passasse a compreender as dificuldades dos membros de sua equipe. Atuando como diretora de Qualidade Assistencial da Rede D'Or São Luiz, ela diz que sua percepção do problema foi sendo moldada pelas oportunidades que teve na trajetória profissional na área de saúde, em que a presença feminina é majoritária. "Para as integrantes da equipe, é importante conseguir manter uma vida familiar em harmonia com a vida profissional, porque conciliar a família e o trabalho não é fácil de jeito nenhum. E elas admiram quem consegue fazer isso." Mãe de dois filhos já adultos, Helidea diz que entende as necessidades das profissionais com quem convive no dia a dia. "Elas falam: 'bom, a gente sabe que tem que conseguir conciliar porque a empresa pede tudo isso: tem que fazer muito, tem que ser exigente, tem que produzir'." A médica ressalta que as exigências profissionais devem ser equilibradas com a qualidade de vida das colaboradoras. "Esse é o motivo pelo qual elas falam: 'claro, isso dá para fazer'." E conclui: "Hoje eu procuro contratar quem tem conteúdo técnico, de enfermagem, de medicina, mas também há necessidade de competência emocional, de comportamento".

---

1. Perfil na página 188

'Quando quis ter filho, fiz a transição para uma consultoria pequena'

Na hora em que decidiu ser mãe, por volta dos 27 anos de idade, a administradora de empresas Cynthia Venancio da Silva[1] conseguiu fazer com sucesso a transição de profissional contratada por grandes empresas e passou a atuar em uma consultoria. "Eu achava que se continuasse a carreira corporativa, que já era exaustiva, em uma consultoria grande, eu ia ficar mais estressada ainda em termos de horários. Então eu fui para uma consultoria que era superpequena na época, em que havia um ambiente de muita abertura e transparência. Lá eu tive a liberdade de trabalhar com os sócios, de fazer a minha agenda... Era um tipo de trabalho mais condizente com o estilo de vida que eu desejava naquele momento, em que eu queria ter filho – tanto que tive os meus dois filhos nessa fase."

Cynthia explica que a atuação em consultoria tem "picos e vales", ou seja, momentos de maior e menor demanda. "Há épocas de muito sufoco, em que você não vai conseguir ir ao médico às 3 horas da tarde. Então, esse estilo de trabalho me ajudou demais a ter essa liberdade de horários. Eu podia falar assim: 'olha, eu não quero esse projeto, porque eu teria de viajar e eu não vou poder me deslocar de São Paulo durante um tempo'. Esse ciclo acabou mais de dez anos depois. A consultoria já tinha crescido, estava enorme, e ao mesmo tempo coisas pessoais aconteceram, eu tive um divórcio... Como meus filhos ainda eram pequenos, tive que me reinventar." Essa reinvenção passou pela busca de outros caminhos e a aquisição de novos conhecimentos até culminar na criação da Cosy, em São Paulo, um espaço para eventos corporativos que Cynthia considera seu grande projeto na vida profissional.

---

1. Perfil na página 39

“

A gente nunca vai dar conta de tudo e precisa aprender a lidar com isso.

E quanto às profissionais que por qualquer motivo não vivem a maternidade? Sofreriam elas pressão social da mesma forma que as mães que trabalham fora? **Milena Gomes Peccioli**,[1] farmacêutica que é analista de assuntos regulatórios da biofarmacêutica AbbVie, confirma que a cobrança existe, incluindo no pacote a autocobrança. “De vez em quando eu escuto esses comentários e me sinto invalidada por algumas pessoas simplesmente por ser solteira: ‘nossa, mas você é muito exigente!’, ‘ai, ela é tão bonita e não arruma ninguém?’ Eu sofro uma pressão diferente daquela de uma mulher que está passando pela fase de ser mãe.” Ao entrar na reta dos 30 anos, Milena cuida da casa em que mora sozinha e assume seu papel atual como “mãe de pet”, mas diz que tem vontade de ser mãe de verdade. “A gente carrega os nossos vieses, e tem que desconstruir esses vieses para não se cobrar muito, para entender que cada pessoa tem um processo, tem uma bagagem. Essa questão da confiança, da insegurança, acho que é um exercício, uma musculação. Tem que treinar essa desconstrução diária, porque a mulher traz isso muito enviesado nela. Eu diria que é um exercício diário de entender que estamos no mesmo

1. Perfil na página 36

barco, todo mundo tem suas vulnerabilidades. Temos de olhar para o outro – e para a outra, principalmente – com mais empatia."

As questões femininas estão atualmente presentes na vida de Milena muito por causa de sua participação em um grupo de discussões criado na empresa, ao lado de outros que tratam de questões de gênero, etnia, religião, pessoas com necessidades especiais e conflito de gerações. "O nosso é um projeto para tratar de liderança feminina. Já falamos de viés, de marca pessoal, de como conciliar a vida pessoal e a profissional, da questão da maternidade... É um ambiente seguro que aproxima pessoas que normalmente não interagem entre si. Por exemplo, eu conheci mulheres que nunca tinha visto na empresa." Ela conta que o grupo debate temas gerais e assuntos pessoais também. "Algumas mulheres trazem questões de ser mãe, como o fato de se sentir ausente em relação ao filho. Eu, por ser solteira, estou em outra perspectiva." Além do trabalho em uma empresa farmacêutica de classe mundial, Milena se dedica intensamente à organização Pãozinho Solidário, onde é líder de uma turma de voluntários. "Eu digo que a gente nunca vai conseguir dar conta de tudo. Às vezes a gente está mais ausente da família, às vezes não dá muito gás no trabalho, às vezes vai faltar no relacionamento ou na parte espiritual. Enfim, a gente tem que saber lidar com essa área que vai estar em falta."

'Criei um espaço em que o trabalho também é fonte de prazer'

Também jovem, solteira e sem filhos, a gestora financeira Leticia Souza Tavares[1] tem uma agenda de trabalho extensa. "Eu estou online a qualquer hora. Minha rotina é bem flexível, mas não tenho hora para começar nem para terminar o meu dia." Além de sua atividade principal como presidente e diretora executiva da organização social Pimp My Carroça, ela se ocupa de vários trabalhos como

1. Perfil na página 216

freelancer. "Presto serviço para duas consultorias, uma da área financeira e a outra de gestão de pessoas. Também trabalho com leis de incentivo há algum tempo, fazendo projetos de Lei Rouanet. Além disso, comecei na diretoria de uma escola de jornalismo, que também é uma organização social. É uma dinâmica de muitos frilas, de trabalho precário mesmo, porque as contas exigem."

Ela explica que os diversos trabalhos em que se envolve também são fonte de prazer. "Eu me ocupo do trabalho, basicamente as festas são do trabalho, a galera é a do trabalho, a viagem de férias é com a galera com quem eu trabalho no frila... E aí, para encontrar alguém num relacionamento, vai ter de ser alguém que entende esse ritmo, porque não quero abrir mão de nada." Leticia faz a ressalva de que não é simples estabelecer um relacionamento nessas condições. "Encontrar alguém que está disposto a viver essa loucura é difícil. Tipo: daqui a duas semanas, eu vou fazer quatro viagens. Vou ficar um mês fora, sem nem passar na minha casa."

'Quero ter vários filhos, mas não no futuro próximo'

O fato de ainda não ser mãe ("eu e meu marido temos muita vontade de ter filhos... pelo menos três") faz com que a engenheira **Camila de Carvalho Correia**[1] tenha mais liberdade para viajar, tanto a trabalho como por lazer. Morando em Portugal, ela se desloca diariamente entre sua casa, localizada em Lisboa, e a obra que está gerenciando pela construtora Osborne em Cascais, a 50 minutos de estrada. "É corrido, mas trabalhar com construção é assim mesmo. Por outro lado, aqui ninguém espera que você faça hora extra. Assim, pelo fato de todo mundo respeitar o horário, eu tenho muito tempo livre. No verão, chego em casa às 6 horas da tarde, ainda com o dia claro – o sol às vezes só vai embora às 9. Isso significa que tenho tempo para fazer qualquer coisa, o que me ajuda muito. Meu

---

1. Perfil na página 134

marido trabalha de forma híbrida e vai duas vezes por semana para o escritório. Como eu gosto de cozinhar e ele também, a gente divide: cada um faz a comida um dia. Na questão de limpeza, sou eu que arrumo a casa e faço as coisas do dia a dia. Então o nosso acordo é que ele é responsável por tirar o lixo. Pelo menos é um pouco justo." Como ainda não completou 30 anos, Camila tem planos de adiar o sonho da maternidade enquanto o casal acumula suas economias para poder criar a prole com mais conforto: "Não faz sentido tentar ter um filho agora. A gente gosta muito de viajar e ainda quer conhecer tantos lugares!"

PERFIL

Milena Gomes Peccioli

Técnica por formação, solidária por vocação

Tendo entrado recentemente na faixa dos 30 anos, a farmacêutica Milena Gomes Peccioli já tem muitas histórias para contar. Quando ainda cursava a faculdade, cumpriu períodos de estágio em indústrias e chegou a atuar em uma multinacional especializada em aromas, atividade que fez seus olhos brilharem, como ela mesma descreve. Faltava, entretanto, realizar um objetivo: "Eu carregava uma vontade grande de trabalhar em hospital. Aí, no último ano, prestei a prova para fazer uma residência multidisciplinar, que é para ficar dois anos em hospital e ter bolsa. Você recebe o diploma de pós-graduação, é basicamente parecido com a residência médica". Aprovada, Milena começou a trabalhar com farmácia clínica em uma instituição, o que envolve prescrever determinado remédio e acompanhar os pacientes, avaliando a forma de administrar a droga e os eventuais efeitos adversos. Porém, a decepção veio rápido: "Eu me assustei com o cenário, porque a prática não condizia com a teoria. Na prática, o farmacêutico não tem muita autonomia. Ele depende do médico para muita coisa, e trabalhar com médico não é muito legal". Convencida de que sua vocação era mesmo a indústria, ela desistiu da pós-graduação e passou um tempo dando expediente em drogaria.

"Eu entrei sabendo que não ia ficar. E foi uma experiência assim doida, porque lidar com o público é bem desafiador." Milena considera que o tempo que passou atrás do balcão foi importante porque, além do contato direto com os clientes, passou a conhecer de perto vários medicamentos, bem como a legislação específica sobre o assunto. "Enquanto isso, eu avisava todo mundo que estava procurando outro trabalho. Uma colega de faculdade mandou mensagem me cumprimentando pelo aniversário e disse que tinha vaga aberta na multinacional em que estava. Mandei meu currículo e depois das entrevistas e tudo, entrei na Allergan, onde estou desde então." Na empresa de origem irlandesa, que hoje faz parte da biofarmacêutica norte-americana AbbVie, ela recebeu treinamento em uma área nova, responsável pela preparação do conjunto de documentos a ser enviado para apreciação das diversas agências sanitárias. "A minha gestora me ensinou, porque era um trabalho muito diferente do que eu estava acostumada. Eu organizava os documentos e fazia a publicação de dossiês para atender à legislação da América Latina inteira e do Canadá." Por ser um tema novo, a gestora de Milena era convidada para dar palestras nas entidades do setor, o que representou uma oportunidade e tanto para a jovem profissional. "Eu viajava com ela para fora do país. Foi uma experiência enriquecedora conhecer outras filiais, as pessoas... Era muito multicultural."

Depois da compra pela AbbVie, a publicação de dossiês ficou a cargo de terceiros e Milena se transferiu para a área de assuntos regulatórios, onde é responsável por manter o registro de uma linha de produtos na Anvisa. "É um setor interligado com o anterior, mas meu escopo mudou bastante. Antes eu fazia o ponto final e agora sou responsável pelo conteúdo. A responsabilidade aumentou muito, mas hoje eu me encontro mais como farmacêutica, está mais em linha com a minha área de formação." Atuando da unidade de negócios de estética, ela revela a intenção de conhecer melhor os produtos oncológicos. "Tenho esse planejamento. Se surgisse uma oportunidade de me tornar gestora, de ter um time, eu iria topar. Sinto que ainda tenho onde crescer – e crescer não é só ser promovida, porque acho que nem tudo na vida é dinheiro ou título de cargo. Muitas vezes é você ter a oportunidade de desenvolver uma habilidade, de ser exposta a uma situação nova."

Atualmente morando com sua cachorrinha Milka, Milena divide seu tempo entre o trabalho como farmacêutica e a atuação social. "Eu sempre fui inserida no meio do trabalho voluntário. Desde criança, isso foi muito comum para mim, até que fiquei uma janela sem fazer. Aí, depois de um período, entendi o que estava faltando na minha vida e fui atrás de trabalho voluntário. Comecei a fazer assiduamente no Graac, na Make a Wish... Eu gostava, mas sentia que podia fazer mais." Quando veio a pandemia, uma ex-colega de trabalho a chamou para trabalhar com pessoas em situação de rua, e Milena começou a frequentar a ONG Bem da Madrugada. "Gostei muito, até que eles começaram a espaçar as atividades. Através de algumas pessoas, conheci o Pãozinho Solidário e me apaixonei pelo projeto e pelas pessoas daquele projeto." Ela passou a reservar todas as quartas-feiras para participar da distribuição de alimentos para pessoas em situação de rua. "Além disso, a gente distribui escuta, distribui amor, distribui acolhimento... Se eles vêm atrás de ajuda, a gente tenta sempre conseguir alguma coisa que estão precisando, seja sair da rua, ir para uma clínica..." De participante, Milena passou a líder de uma rota que atende entre 500 e 600 pessoas por dia na região central de São Paulo. Atualmente, ela também integra a equipe de organizadores e cuida da comunicação da entidade. "No Pãozinho eu desenvolvi muito a minha habilidade de liderar, que eu achava que não tinha."

PERFIL

Cynthia Venancio da Silva e Emanuele Kirie

Parceria afinada entre consultora e musicista

Não é incomum que as decisões tomadas ao longo da trajetória de profissionais mulheres sejam condicionadas aos acontecimentos de sua vida pessoal. Foi o que aconteceu com a administradora de empresas Cynthia Venancio da Silva, que depois de passar por grandes corporações, como Dow e Unilever, resolveu mudar o eixo da carreira e trabalhar em uma consultoria. "Quando fiz a transição de analista de negócios na Unilever para consultora, aos 27 anos, eu queria ir para uma empresa pequena, porque nessa época já queria ser mãe." No período de mais de uma década em que atuou na Integration Consultoria, ela desenvolveu projetos ligados a vendas e canais de distribuição em empresas brasileiras e multinacionais até assumir a unidade de negócios de treinamentos e o RH corporativo. Nesse ponto ocorreu uma nova guinada. "O ciclo na consultoria acabou, coisas pessoais aconteceram, eu tive um divórcio... Eu tenho um casal de filhos que eram muito pequenos na época e tive que me reinventar. Acho que foi essa questão do lado pessoal que fez com que eu me reinventasse."

Antes de completar sua reinvenção, Cynthia experimentou vários caminhos. "Eu fiz praticamente uma outra formação. Passei em trilhas da antroposofia, fiz curso de *coaching* e de aprofundamento..." Ela classifica essa fase como "um sabático trabalhando", porque permaneceu colaborando com a consultoria enquanto fazia a transição de carreira. Foi um período de descobertas, mas também de questionamentos. "Em paralelo com todos esses cursos na Lumo, na Adigo, eu fui conhecendo muita gente de RH e estava achando que ia me transformar em consultora de desenvolvimento organizacional. Mas meu coração queimava porque não era aquilo que eu queria. Eu sou ótima facilitadora de grupos, mas não tenho preparo para lidar com essa parte emocional das pessoas." Até que, aos 40 anos de idade, Cynthia decidiu criar um negócio próprio. "Me veio forte essa vontade de empreender. Acho que esse espírito de empreender já estava em mim quando eu procurei uma saída da vida corporativa para a consultoria."

Nascia assim o espaço para eventos Cosy. "Eu comprei uma casa na Avenida Morumbi que estava aos pedaços. Acho que por conta desses anos em que fiz esses cursos fora da capital, muito em contato com a natureza, eu achei que faltava em São Paulo um lugar para os grupos se reunirem diferente de hotel, com salas arejadas para grupos menores e atendimento humanizado. E aí, depois de uma grande reforma, nasceu a Cosy, que é a minha grande experiência empreendedora, o meu grande projeto de vida profissional." Algum tempo depois, Cynthia encontrou na musicista Emanuele Kirie a parceria ideal para lidar com a parte comercial e de relacionamento do empreendimento: "Eu brinco que a Manu cuida dos clientes e eu de todo o resto – gastronomia, manutenção, jurídico, marketing... Cada uma respeita a área da outra aqui. Eu dou os pitacos, as sugestões, mas tem muita autonomia das duas nessa parceria".

O caminho percorrido por Emanuele Kirie não é bem aquele que se espera de uma administradora. "Sou musicista, formada em canto e piano." Ela explica que, após concluir sua formação, um músico encontra várias possibilidades de atuação: pode trabalhar em orquestra, ir para um estúdio de gravação ou atuar em algum estabelecimento musical, como bares e casas noturnas. "Eu fui direto para a área de eventos fazer sonorização, e tive uma empresa com meu ex-marido durante muitos anos. Eram grandes festas, cerimônias, casamentos e festas de empresas também. Da mesma forma que a Cynthia, que começou em uma consultoria pequena, eu comecei só com piano e voz. Quando saí de lá, tinha quatro bandas, cada uma tocando em um lugar diferente." Ela conta que, do palco mesmo, passou a observar os detalhes dos eventos, incluindo a decoração e a gastronomia. "Eu tive a sorte de entrar nos eventos pela porta dos fundos, de carga e descarga, porque é assim que você entende mesmo um negócio."

Como a sócia, Emanuele também se separou do marido e resolveu mudar de rumo. "Aí eu já estava bem cansada dessa área, porque são muitas noites seguidas, é muito trabalho de madrugada, no final de semana..." Ela conta que criou a filha sem passar os sábados e domingos com a menina, principalmente por causa das festas de casamento. Tanto que considerou migrar para o segmento de eventos corporativos. "Eu não sou notívaga, então esse ritmo era bem puxado para mim." Ela diz que parece que projetou a oportunidade de se tornar sócia da Cosy: "Ah, trabalhar de segunda a sexta, começando às 7 horas da manhã... Eu falei: 'nossa, é isso que eu quero'".

PERFIL
Andrea Menezes

Assumindo o compromisso e praticando o propósito para causar impacto

Presidente do Conselho de Administração da rede de varejo de moda Lojas Marisa, Andrea Menezes chegou a esse posto depois de uma longa carreira no mercado financeiro. O intrigante é que sua formação acadêmica nada tem a ver com administração ou finanças. "Eu fiz física. Saía de casa, no Morumbi, e ia até a USP de bicicleta com raquete de tênis, na hora do almoço ficava na piscina... Tanto que meus pais, que não interferiram na minha escolha, achavam que eu fazia educação física." Ao contar sua história, Andrea marca bem as diversas fases de sua vida. "Quando eu virei *trader* tinha 35 anos de idade. Aos 38, fui para Nova York com a família e fiquei até os 40." A família a que ela se refere era formada pelo então marido e os dois filhos ainda pequenos, que a acompanharam quando ela foi trabalhar na sede do banco JP Morgan. "Até os 50 anos, eu foquei basicamente em duas coisas, minha carreira e minha família. Mais nada, nem no casamento eu foquei direito, porque me separei do meu marido duas vezes."

Durante sua formação, Andrea não enfrentou questões de discriminação de gênero. "Como meu pai foi criado só pela mãe dele, ele sempre achou que a mulher é a pessoa forte. Além disso, minha mãe tem uma personalidade extremamente forte, de quem sempre fazia tudo, resolvia tudo." Talvez por isso o estilo de Andrea não segue o padrão esperado pela maioria das pessoas. "Já apanhei muito por causa disso. Obviamente tenho consciência das minhas peculiaridades no sentido de não ser padronizada. Por outro lado, isso me ajudou a achar que eu não tinha telhado de vidro nenhum." Às pessoas que perguntavam sobre eventuais limitações por ser mulher num ambiente de negócios predominantemente masculino, ela costumava responder que nunca havia tido esse tipo de problema. "E não tive porque meus pais não me deram esse problema", arremata.

Um exemplo de peculiaridade: Andrea era contra a política de cotas para mulheres. "Eu falava assim: 'mas porque as mulheres não conseguem? Não conseguem porque não querem'. Para mim era tudo fácil, e eu nem sabia por quê. Hoje eu sei, depois de uma certa reflexão, mas o que mudou bastante foi a percepção de que nós mulheres temos dificuldades para chegar aonde a gente precisa chegar." Essa virada de pensamento se deu quando ela trabalhava no Standard Bank, um dos vários bancos pelos quais passou, e onde atuou como CEO e conselheira da administração. "O Standard Bank foi muito importante para mim porque é um banco originário da África do Sul, que teve apartheid, que tinha cotas... Foram 20 anos de cotas para a sociedade conseguir treinar médicos, engenheiros, arquitetos e professores negros. Foi então que eu comecei a pensar nisso." Convencida da necessidade de mudar a sociedade, Andrea incentivou o RH da instituição a ampliar as oportunidades para mulheres. "Eu tenho orgulho de ser mulher. Então falei: 'bom, eu preciso me engajar nisso para trazer mais mulheres para ser *trader*, para ser chefe, para ser diretora...'"

Seu envolvimento com a causa feminina cresceu a ponto de Andrea se integrar à entidade Women Corporate Directors (WCD), presente em 40 países, cujo objetivo é incentivar a participação de mulheres e a formação de conselhos empresariais orientados para as práticas de diversidade. Esse mesmo engajamento a empurrou para a atuação política, atividade da qual se desencantou em seguida. "Eu fui para ver como podia ajudar nessa toada de ampliar a participação das mulheres, mas a política é outra brincadeira, é outro nível", define. Sempre ativa, Andrea obteve MBA em ESG pelo Ibmec e Relações Governamentais pela FGV. Nos últimos anos, focou sua atuação em governança corporativa, tornando-se conselheira certificada do Instituto Brasileiro de Governança Corporativa (IBGC). Ela já participava como conselheira quando assumiu a presidência do Conselho de Administração das Lojas Marisa, que hoje acumula com a coordenação dos Comitês de Pessoas & ESG e de Suporte ao Varejo da rede. "A minha carreira tem três engrenagens: compromisso, propósito e impacto. A primeira é essa coisa da disciplina, do comprometimento, da assertividade. Mas não adianta você vestir a camisa, ser superdisciplinado e não ter propósito. Aí chega uma hora em que você tem que retornar para a sociedade, senão você é um indivíduo que passa incólume por este planeta. Agora eu estou na fase do impacto, porque não adianta nada ter propósito se não der resultado, se não provocar impacto."

Conversa com a Senses

Cibele Arnaldi conversa com as consultoras da Senses Paula Schurt e Ligia Miranda sobre como as mulheres podem cumprir suas exigências profissionais sem descuidar das obrigações pessoais e familiares.

Cibele: Qual é a percepção de vocês sobre esse equilíbrio entre a vida pessoal e a profissional?

Paula: É um baita desafio mesmo, não é? Principalmente se a mulher tem filhos, vai ficando mais complexo. Porque cobrança sempre vai ter. Tem a cobrança da que tem filho, porque tem que dar conta de muita coisa, aí a outra que não tem filho também tem cobrança. Eu por exemplo, sou casada e não tenho filhos. Vou fazer 50 anos este ano e as pessoas ainda ficam perguntando se eu vou ter filho! Parece que é assim: você é mulher, logo, você tem que estar casada e ter filho, tipo uma obrigação. Então, qualquer situação que a gente escolher na nossa vida, vai ter cobrança. Começar por aí é legal para entender que qualquer situação que a mulher viva, vai ter esse peso. Sobre a pesquisa de ter 11 horas a mais de trabalho em casa, isso é uma coisa ancestral. E acho que depende do posicionamento da mulher. Já tratei muito no consultório de a mulher querer se separar do marido justamente porque ele acha que tem que ser servido e que não tem obrigações na casa.

Cibele: E olha que estamos falando do tempo atual.

Paula: Sim, de 2024. Eu sempre ouço que o marido diz: "ah, me fala no que que eu tenho que te ajudar". "Como assim, me ajudar? Você não vai me ajudar, você vai fazer a sua obrigação! Você não mora aqui? Não come? Não suja?" Começa daí o posicionamento. Esse é um desafio gigantesco para a mulher. Um ponto muito importante de a mulher trabalhar fora é essa coisa da culpa. No capítulo, várias comentaram sobre isso. A culpa corrói, leva a consequências bem ruins e traz infelicidade para a pessoa que a carrega. Porque nada do que se faz é bom o suficiente. Ficamos equilibrando pratinhos, e sempre algum vai cair, é impossível manter todos os pratos rodando bonitinho. Então, além de negociar – "negociar' é um termo ridículo, mas infelizmente é essa a palavra –, de se ajustar lá na sua casa com os deveres, ainda é preciso trabalhar a culpa. As mulheres que atendo vêm com esse discurso: "ah, eu trabalho muito e não tenho tempo para o meu filho. Eu chego em casa e ainda tenho que fazer comida, arrumar a mochila dele da escola e um monte de coisas. Por isso, não tenho tempo para ficar com a criança ou até mesmo com o marido". O que eu já trabalhei muito nesses casos: "em primeiro lugar, você não vai dar conta de tudo, esquece. Tira isso da sua cabeça e começa a olhar o que é possível, o que é cabível no seu tempo. Porque você vai ter que fazer escolhas, terá de abrir mão de alguma coisa". Mas isso não significa que é preciso abrir mão da própria pessoa. Você não tem que abrir mão de si mesma para dar conta do resto. Vamos tentar estabelecer o mínimo. Partindo do princípio de que você não vai equilibrar tudo, é o caso de começar a negociar consigo mesma. Essa aceitação de que não vai dar conta de tudo é o primeiro passo. E do que você dá conta? "Ah, eu posso fazer isso aqui, eu posso modificar isso, eu posso abrir mão daquilo..." Porque às vezes é um capricho que temos de sermos perfeitas, de entregarmos o melhor no trabalho... E aí começa essa negociação interna. Se você vai ficar meia hora com seu filho, fique meia hora com seu filho, não no celular ou vendo TV ou respondendo no WhatsApp. Mais importante do que a quantidade de tempo é a qualidade. Se está no trabalho, fique no trabalho, não fique pensando que você tem que estar em outro lugar. Esteja presente no que você está fazendo, tranquilize seu coração. E outra coisa importante: filho não fica feliz sabendo que a mãe ou o pai estão infelizes. É um mito achar que é preciso manter o casamento por causa do filho: "ah, eu tenho que fazer mil sacrifícios, me anular para dar o melhor para o meu filho". Mesmo que o filho não verbalize isso – talvez nem tenha ferramentas para isso -, ele sente. E vai crescer com o sentimento de que a mãe foi infeliz para fazer algo por causa dele, o que é pior ainda. Ou seja: "a minha mãe teve um casamento infeliz, ou a minha mãe se sentia culpada indo trabalhar por minha causa. A culpa é minha!" Aí ela já transferiu. A culpa que a mulher sentia já foi para o filho. Às vezes a criança fica se sentindo um estorvo, um problema na vida da mãe, e isso vai ter consequências na vida desse filho também.

Cibele: E vai afetar toda a família também. Porque se deixa de viver, sai da culpa para a agressão: "eu deixei de viver porque tive de abrir mão disso para ficar com você, para você ser isso..."

Ligia: Pegando esse tema dessa forma, eu acho que para a mulher, que tem todas essas tarefas, um grande passo é aceitar o jeito que o outro faz. Porque muitas vezes queremos ser "ajudadas", mas que seja do nosso jeito. E aí a gente não solta. Então, tem muito viés no sentido de se colocar no lugar de vítima, de falar que não tem ajuda. A pessoa até quer ajudar, mas a mulher não deixa porque tem de ser do jeito dela: "eu não confio que meu companheiro ou minha companheira cuide igual eu cuido". Esse soltar é essencial para se ter o equilíbrio de olhar para o outro e lembrar que se você não estiver mais aqui, a vida vai continuar sem você. Às vezes temos que ir para esse lugar extremo de dizer: "está tudo bem, a pessoa fazer do jeito dela". E lembrar que às vezes nos escondemos atrás desse monte de tarefas que nem são tão importantes porque existe um assunto que é muito importante e que não temos coragem de cuidar. Temos de ter esse autoconhecimento de dizer: "eu tenho 50 coisas para fazer agora, mas o que realmente é importante?" E escolher, mesmo que isso seja difícil. Então, eu tenho que escolher o que é realmente importante e honrar as fases. Para a liderança feminina, a intenção é crucial para se poder escolher. É preciso lembrar qual era a sua intenção quando começou tudo isso. Quando você quis ser uma líder feminina, quando quis ser mãe, quando quis ter um companheiro ou uma companheira, qual era a sua intenção? Eu mesma, desde sempre, tinha o sonho de ser mãe. Eu sabia que não seria simples ser mãe e continuar trabalhando e honrar quem eu sou. Por isso, na hora que o negócio apertava, eu sempre lembrava da minha intenção: "fui eu que criei tudo isso para mim, foi uma escolha minha". Então, como podemos trazer essa consciência, que tem muito a ver com autoconhecimento? Se sabemos quem somos, conseguimos lidar melhor.

Cibele: Quanto mais a gente vive na culpa, mais longe fica do autoconhecimento, mais vive na máscara. Daí, vamos vestir a capa da super-heroína, porque precisamos fazer tudo do melhor jeito e queremos que as pessoas nos reconheçam.

Paula: E aí entra, muitas vezes, a vitimização. A mulher fala: "eu me doo tanto, eu faço tanto, eu me sacrifico tanto e não tenho reconhecimento". Sempre tem algum gap ali atrás. E essas questões acabam voltando lá na frente quando o filho sai de casa ou quando ele não quer mais acompanhar, quando começa a ter a vida própria. Estou vendo agora muitos pais na faixa dos 30, 40 anos de idade com carência de filho. Eles vivem atrás dos filhos, tem gente que vai atrás até em outro país. O jovem está indo estudar fora às vezes porque quer se livrar, quer ter liberdade, e o pai ou a mãe vão atrás. E aí entramos na historinha da síndrome do ninho vazio. Porque a pessoa não cuida dela e acaba vivendo a vida do outro.

Cibele: Estamos falando de equilíbrio entre vida pessoal e profissional. Essa pessoa não vai ter nunca, porque está sempre tentando tapar algo e não consegue entender por que deu esse vazio.

Ligia: O bacana no que você traz é o que eu vou chamar de "rolha". Tem um buraco lá e, em vez de resolver, eu coloco uma rolha. Então, quando o filho ou a filha eram pequenos, eles tinham uma determinada necessidade muito mecânica. Até uma certa idade é trocar fralda, dar comida, suprir as necessidades básicas, dar atenção. Eu lembro da minha experiência com a primeira filha. Na época eu morava em outra cidade e chegava em casa 8 horas da noite e às vezes ela já estava dormindo. Quando isso acontecia, eu pensava: que pena que não pude vê-la, mas então hoje vou dedicar esse tempo para bater papo com o meu marido, assistir a um filme com ele ou fazer outras coisas. Essa adaptabilidade é importante para o nosso bem-estar. Só que quando ela estava acordada, eu ficava com ela. Tirava o celular de perto, não lia e-mails, não fazia mais nada. Eu dedicava aquela uma hora, hora e meia, a estar com ela, e aquilo era de uma riqueza sem fim. Eu tenho as memórias todas guardadas daqueles momentos de atenção. Já na segunda filha, eu trabalhava perto de casa, chegava mais cedo, mas eu não conseguia fazer direito essa gestão da presença. Até que eu percebi e mudei. Eu dizia: "hoje é o seu dia", e saíamos só as duas, íamos ao cinema, ao parquinho. No dia seguinte era o dia da outra. Ou: "hoje é o nosso dia, vamos todo mundo". Porque dessa forma era bom para todos. Era bom para mim, que dava aquela atenção para uma pessoa só, era bom para elas, que se sentiam privilegiadas, e era bom para a família porque a gente ia cultivando esse equilíbrio. Sem deixar de trabalhar, sem deixar de viajar, sem deixar de fazer outras coisas. Mas como podemos trazer essa consciência de que não é a quantidade de tempo, é a qualidade do tempo que se tem com aquela pessoa e que vai fazer diferença para criarmos a memória? Porque no automatismo não criamos memória, a nossa memória de trabalho não grava. E lembrar que temos que admirar quem está conosco. Eu tenho que me admirar pela pessoa que sou, pelo trabalho que faço, seja fora ou dentro de casa. E tenho que admirar quem me acompanha na jornada. Quando ficamos presos na culpa, não conseguimos admirar nós mesmos nem ninguém. Por que não falar que a pessoa me ajuda? O meu marido era sensacional. Quando eu viajava, ele levava minha filha na escola. As minhas amigas me contam dela chegando arrumadinha com lacinho no cabelo. Era combinado, mas nem tudo foram sempre rosas. Era eu que arrumava a mala da escolinha. Um dia, ele me ligou: "eu vou ter de sair do trabalho e voltar agora para a escola porque você esqueceu de mandar a fralda". Pedi desculpas e disse que, a partir daquele dia, a responsabilidade de arrumar a mala seria dele. E eu acreditei nele arrumando a mala, eu soltei, porque ninguém é perfeito. Então, como podemos trabalhar essa relação de confiança e de admiração?

Cibele: Vou fazer uma provocação: considerando o momento que estamos vivendo, ainda com trabalho híbrido, com bastante gente em *home office*, isso traz complexidade maior para quem está no ambiente familiar, tenha filho ou não. Como é que podemos fazer para que um lado não fique maior que o outro?

Ligia: É importante planejar. Abrir a agenda: "o que eu tenho? O que é meu? Do que eu não posso abrir mão? Quais horários eu tenho para trabalhar? Se eu estiver trabalhando em casa, que acordos tenho de fazer?" Claro que nem todo planejamento dá certo. Mas trazermos esse planejamento para a consciência já é uma forma de direcionar nossa própria atenção. E lembrar sempre da intenção, tirar a roupa de Mulher-Maravilha, fazer o simples e aceitar que o outro também tem o simples dele. Quando conseguimos aceitar o outro como ele é, esse é um grande passo para se ter bem-estar e equilíbrio.

Paula: Eu também ia falar de planejamento: "o que é importante? O que é prioridade para mim? Do que não posso ficar sem?" Seja o tempo com o filho, seja um exercício físico, seja para você assistir a uma série... Outro ponto fundamental é aprender a falar não. Falar não para demanda, para coisas que não são importantes, ou que você simplesmente não quer ou não precisa fazer. Só conseguimos negociar em casa se a gente se posicionar. Por isso o autoconhecimento é tão importante. Falar não e não sentir culpa por isso, falar não com amor: "sinto muito, mas não dá para mim hoje, isso não cabe na minha vida agora..." Ou simplesmente: "eu não quero" – não importa por quê, não tem que justificar.

Cibele: Complementando o que vocês disseram: nós não precisamos justificar, ponto final. E a outra coisa que acrescentaria é que não vamos alcançar esse equilíbrio se não tivermos autoempatia. Não é egoísmo, ter autoempatia é cuidar de nós mesmas.

2

Estilos de liderança

Homens e mulheres são iguais quando se comparam as qualidades para liderar pessoas e projetos, como competência, autenticidade, benevolência, humildade e integridade. Também não há diferença quanto ao apoio que recebem dos seus liderados. A conclusão, que contraria o senso comum, foi obtida pelo estudo "Quebrando mitos sobre liderança e gênero", realizado por professores do Insper e pela consultoria Robert Half em 2023.[1] Outros resultados do trabalho são: não há diferença entre os gêneros na autopercepção sobre motivação para liderar, competências de liderança e quanto se veem como líderes; as mulheres tendem a buscar menos promoções do que os homens; elas se preocupam mais com o desequilíbrio entre vida pessoal e trabalho, especialmente nos estágios avançados da carreira; e as líderes mulheres questionam mais suas chances de sucesso do que os colegas do sexo masculino.

Percepções à parte, a realidade mostra que a participação feminina está aumentando no Brasil, ainda que a passos lentos. Dos cargos de presidente de empresa, 17% eram ocupados por mulheres em

---

1. Estudo dos professores Tatiana Iwai e Gustavo M. Tavares. Disponível em: https://www.insper.edu.br/wp-content/uploads/2023/03/Estudo-Quebrando-Mitos-Lideranca-e-Genero_Insper-e-Robert-Half.pdf

2023, contra 13% em 2017. As vice-presidentes somavam 21% em 2023, ante 13% em 2017; e a quantidade de conselheiras aumentou de 16% para 21%. Já a porcentagem de mulheres integrantes de diretorias se manteve estável no período, com 26% do total. Os dados constam do "Panorama Mulheres 2023", levantamento realizado pelo Talenses Group com parceria do Insper.[1]

Quando o recorte é racial, as estatísticas são bem menos animadoras. Se 29% da população brasileira é formada por mulheres negras – pretas e pardas –, apenas 3% delas ocupavam em 2022 cargos equivalentes ao nível de gerente ou acima. O último dado foi levantado em um estudo censitário realizado pela Gestão Kairós – Consultoria de Sustentabilidade e Diversidade.

Os depoimentos contidos neste capítulo trazem histórias que comprovam como é complexo o tema da liderança feminina. A atuação das mulheres seria marcada pela delicadeza, sensibilidade e tolerância, enquanto os homens exibiriam comportamentos mais vigorosos, francos e decididos? Com a palavra, as mulheres.

'Posso fazer coisas positivas para a empresa sem mudar meus valores'

Quando chegou na The Estée Lauder Companies, empresa onde trabalha atualmente, **Larissa Messias Romero**[2] conheceu uma gestora "superforte, superdura", como se recorda hoje, e ficou em dúvida sobre de que forma deveria se portar. "Eu tenho de ser igual a ela? Será que preciso mudar o meu ser para me tornar uma gestora eficiente aos olhos da corporação?", ela se questionou na ocasião. A solução veio da própria empresa, que a indicou para um programa de *coaching*. "Eu percebi que consigo ser assertiva e tomar decisões difíceis sem mudar o meu jeito, sem ter que ser grosseira ou

1. Disponível em: https://talensesgroup.com/panorama-mulheres/
2. Perfil na página 69

superimpositiva. Foi uma virada de chave para mim também em termos de crescimento como pessoa, porque eu estava em conflito."

Ela se lembra de uma época em que as mulheres da alta liderança tinham de assumir características esteriotipadas do homem para se impor, como falar alto e adotar uma postura corporal dominante, além de cumprir longas jornadas como forma de demonstrar total disponibilidade para o trabalho.

Atualmente, como diretora de Recursos Humanos, responsável por diversos países da América Latina, Larissa está em posição de avaliar o estado das coisas nos dias que correm. "A gente vê em várias pesquisas que as mulheres têm vergonha de pedir aumento salarial, e quando pedem, pedem pouco. Os homens são mais agressivos. A percepção é que o homem é promovido pelo potencial, a mulher é pelo trabalho que ela fez. A gente tem que mudar, também precisa se vender melhor." Em sua percepção, a mudança já está acontecendo: "Hoje eu consigo ver mais exemplos de mulheres com mais empatia. Falando por mim: posso realizar coisas positivas para a empresa sem mudar radicalmente os meus valores."

Larissa discorre sobre as características femininas que podem ser úteis para as organizações: "A mulher quer agregar, vai aos detalhes, precisa entender mais o contexto antes de tomar uma decisão. Ela pensa na corporação como um todo, o que acho que é uma grande vantagem sobre os homens. Eles às vezes são mais agressivos e imediatistas". Em sua opinião, a pauta de equidade e aumento de diversidade tem avançado, mas ainda há muito por fazer. "O *gap* salarial ainda existe – aqui na empresa a gente revê todo ano. Acho que de desvantagem são os preconceitos, tanto para o homem quanto para a mulher. É 'mais normal', digamos assim, que a mulher vá para a área de RH do que para a financeira. E hoje a CFO [diretora financeira] da minha empresa é uma mulher." Ela alerta sobre o perigo do uso de pressuposições ao avaliar situações específicas, principalmente na área de recursos humanos. "Às vezes a gente faz essas suposições: 'é melhor não dar essa oportunidade porque ela precisa cuidar da família...' Só que essa pessoa pode argumentar: 'eu posso me candidatar para essa vaga e viajar duas semanas por mês porque tenho uma rede de apoio'."

'Em uma empresa com valores estruturados, não cabem ambientes de trabalho agressivos'

O que faz alguém exercer a liderança com competência está menos ligado ao gênero do que à personalidade, entende Milena Gomes Peccioli[1], formada em Farmácia. "Acho que uma mulher pode ter traços que sejam mais masculinos na forma de gestão e vice-versa. Tive a sorte de me dar muito bem com as mulheres líderes que conheci", afirma ela, que, entretanto, já ouviu histórias de colegas que tiveram problemas com mulheres em posição de liderança. Dos três líderes masculinos a quem foi subordinada na carreira, um deles a marcou negativamente: "Era uma pessoa complicada, difícil de lidar, que fazia coisas muito desagradáveis". Acima de questões pessoais, Milena considera importante que a organização disponha de uma cultura bem estabelecida. "Quando uma empresa, seja grande ou micro, tem valores e missão estruturados, pode ser homem, pode ser mulher, não vão caber ambientes de trabalho agressivos. São coisas que vêm de cima para baixo, é *top-down*." Ao longo de sua trajetória profissional, ela observou que a mensagem transmitida pela alta liderança é decisiva. "Se o que vier de cima for ruim, vai tornar o trabalho ruim também. Mas se a gente tiver o bom exemplo de uma pessoa que transforma esse ambiente de uma forma mais harmoniosa, isso se espalha, porque as pessoas têm a tendência de seguir o que está acontecendo, dançar conforme a música. E aí, se alguém destoar muito daquele time, vai soar estranho e essa pessoa vai querer se adaptar."

---

1. Perfil na página 36

'Não dá mais para trabalhar com alguém que grita e destrata'

Atuando na área cultural, em que a presença feminina é marcante, Camila da Rocha Vaz[1], que também é atriz e empresária teatral, tem uma visão crítica sobre os homens que comandam projetos artísticos. "Os diretores não têm tato como uma mulher tem. Não digo só por serem homens, mas por terem sido criados de uma forma diferente. Quem tem 50, 60, 70 anos de idade, ainda teve uma mãe que passou muito a mão na cabeça e tal. Eu acho que são homens mais mimados, vamos dizer assim." Ela chegou a testemunhar episódios de desrespeito no tempo em que os diretores chegavam a ser agressivos. "Chegou uma hora em que não dava mais para trabalhar com alguém que grita e destrata. Pessoalmente pode ser uma coisa, podemos até ser amigos, mas aquilo não estava me fazendo bem, não era o que eu acreditava. Ninguém quer ficar do lado de quem quebra cadeira." Camila acredita que a situação está mudando para melhor por causa das mulheres, que, ao exercerem uma liderança mais gentil, estariam influenciando na forma masculina de lidar com as equipes. "Eles passaram a pensar: 'opa, acho que a gente não está no caminho certo. Vamos tentar melhorar e ser mais gentis?'"

Ela pôde experimentar o novo estilo na prática quando se separou do marido e criou a própria companhia teatral. "Quando tive meu negócio, a relação passou a ser outra. Hoje estou do lado de pessoas que pensam igual a mim. Todo mundo que trabalha com a gente é muito parceiro e o ambiente é gostoso. Porque quem é mulher sabe que o dia deveria ter 50 horas para ela conseguir fazer tudo... A mulher tem esse sentimento de mãe, de acolher, de carinho, de ajuda. Nossa tratativa é mais acolhedora e gentil, o que influencia muito na liderança profissional." Camila cita o comportamento de uma diretora em particular, com quem tem afinidade: "Ela é mãe

---

1. Perfil na página 190

e entende quando eu preciso sair mais cedo ou chegar um pouco depois. Quando eu preciso levar minha filha, ela fala: 'deixa ela no meu colo enquanto você dá aula ou vai para o palco, e depois trocamos'. Ela é acolhedora tanto quanto eu, e trata os alunos como eu".

> “
> *Existem* **pessoas acomodadas e *incomodadas*, o mundo precisa dos dois tipos.**

Para a médica **Helidea Lima**,[1] existe uma diferença básica entre a forma de pensar da mulher e a do homem. "O olhar masculino, que não é necessariamente exclusivo do sexo masculino, é muito voltado para o resultado. Já as mulheres focam muito em processo, em como se vai fazer etc." Em sua opinião, muitas mulheres que pretendem ascender na carreira precisam desenvolver o que chama de "visão de resultado": "A gente tem que virar a mesa e entender o que há de diferente nesse público masculino que ocupa cargos de maior expressão". Ela conta que observa, na forma de trabalhar de sua equipe, essa dicotomia entre processo e resultado, que ela define como "jogar no meio-campo" e "fazer o gol": "Como estou numa diretoria de Qualidade, o meu papel hoje é tomar decisão, eu não posso ficar parada na discussão. Eu até brinco com meu time quando

---

1. Perfil na página 188

eles começam a trazer muitos assuntos do meio-campo: 'gente, eu estou aqui para marcar gol, o meio-campo é com vocês. Quero que vocês ponham a bola na marca do pênalti para eu chutar!'"

Helidea lança mão de outra imagem para detalhar sua visão da complementaridade entre os papéis: "No mundo existem as pessoas *acomodadas* e as pessoas *incomodadas*. O mundo precisa dos dois tipos, só que os incomodados são geralmente aqueles que focam no resultado, que querem fazer cada vez melhor. A gente não pode ficar pensando só em processo, no detalhe do detalhe. O processo é uma etapa para se atingir o resultado." Ela afirma que entender as características femininas tem sido importante para liderar uma equipe formada na maioria absoluta por mulheres. O fato de que Helidea combina a formação técnica em medicina com seus conhecimentos de gestão também contribui para o desempenho da equipe que gerencia. "Eu sou rigorosa e cobro muito do time, que é muito comprometido, com *turnover* pequeno. Eles entregam muito resultado e o *feedback* é bom, tanto do meu chefe como da própria equipe."

'A mulher tem de saber que é a melhor organizadora, a melhor estrategista...'

O espaço para eventos que a administradora de empresas Cynthia Venancio da Silva[1] montou, em São Paulo, tem a alma feminina, segundo sua definição. "A gente criou uma empresa que não é mesquinha, tem um cuidado amoroso... é Vênus. E nossa força masculina vem do time que cuida da manutenção da casa." Ela conta que, ao abdicar da carreira corporativa para fundar o próprio negócio, a insegurança inicial durou até alcançar os primeiros resultados concretos: "Como empreendedora, tive de passar várias arrebentações, mas, depois que a gente enfrentou, o medo acabou". Ela diz que se preparou para dar conta das negociações, seja com fornecedores,

---

1. Perfil na página 39

seja com os órgãos públicos. "Eu achava que estaria em desvantagem pelo fato de ser mulher, que eles iam pensar: 'lá vem aquela madame do Morumbi...'" Uma das estratégias que utilizou foi adequar a forma de falar: "Por exemplo, tive de ir muito na subprefeitura ver como estava o processo do alvará de funcionamento. Então eu ia munida de fatos e usava um linguajar um pouco mais assertivo, mais duro". Em alguns casos, como no relacionamento com os fornecedores da obra, a saída foi eleger um homem para servir de interlocutor. "Eu acabei não sofrendo discriminação, mas em algumas situações comerciais tenho a percepção de que a pessoa pode querer abusar, cobrar mais caro..."

Cynthia avalia que os cuidados que teve são comuns a muitas mulheres que entram para o mundo dos negócios. "É uma batalha diária. Tem que ter muita força e coragem, não vem de graça. Todas as transformações que estão acontecendo feitas por mulheres é porque elas estão tendo que garantir o seu espaço e, para isso precisam adotar algum tipo de estratégia para se colocar." Ela afirma que as mulheres são especialistas em organização ("coordenam o horário de saída do filho e antes de ir para o trabalho pegam a roupa do marido na lavanderia") e em economia ("a dona de casa tem aquele dinheiro contado e faz milagre com aquilo"), só que nem sempre se dão conta dessas qualidades. "Às vezes falta na mulher a consciência de que é a melhor economista, a melhor organizadora, a melhor estrategista, a que mais tem inteligência emocional... Talvez seja por essa estrutura, esse machismo estrutural que teima em nos diminuir sempre em qualquer aspecto."

Ela especula que a situação atual não é imutável, porque consiste em mais um capítulo na história da humanidade: "As mulheres já estiveram no poder. No começo, quando a humanidade ainda era nômade, eram elas que lideravam enquanto os homens ficavam meio excluídos. E aí muda quando vem a agricultura. Acho que existe uma alternância de poder entre homens e mulheres, e a sociedade está em um momento estrutural de poder masculino". Cynthia entende que homens e mulheres pensam de forma diferente e que elas precisam compreender o pensamento masculino para estabelecer uma nova correlação de forças: "A mulher tem que entender esse contexto, se adaptar, se preparar e fazer um esforço para dialogar nos embates com o mundo masculino". Ou seja, adotar postura semelhante à que ela mesma empregou nas conversações com os fiscais da prefeitura.

'O radicalismo da nova geração é importante para que a mulher seja respeitada'

A engenheira agrônoma **Marta Mika Kokubo**[1] fala com naturalidade dos seus primeiros tempos como gestora, quando optou por exercer um estilo de liderança agressivo: "Em uma parte até grande da minha vida profissional, eu tinha o controle total, mantendo a equipe até com certo medo de desenvolver as coisas. Porém, apesar de ser muito *chefa*, muito opressora, eu não era alguém que só mandava e colhia os louros. Eu era muito da operação também". Com o tempo, ela diz que foi abandonando o "perfil general": "São muitos problemas que surgem todo dia e que ameaçam a perda de um cliente, que representam uma queda no faturamento. Como sempre fui muito ansiosa, aquilo me levava a essa postura radical". Ela relata que sua transformação durou alguns anos. "Até que você percebe que tem muito mais sucesso quando consegue parar para refletir, que pode dar passos mais lentos, que as pessoas vão esperar o retorno. Não precisa falar alto nem em tom de ameaça..."

Marta explica que a melhor maneira de obter sucesso é respeitando as pessoas da equipe, estilo que exerce atualmente como diretora. "Hoje entendo que o trabalho de equipe é muito bonito, porque o desenvolvimento de qualquer pessoa é ressaltado por mim para os acionistas. Então eu realmente sou facilitadora desse processo. Nesse caminho, você tem a postura de trabalhar muito ombro a ombro,

1. Perfil na página 214

Eu trabalho com meninas novas de 23, 25 anos, que são muito radicais em algumas coisas, e é óbvio que isso bate de frente comigo porque sou de uma época completamente diferente. Eu tive uma educação machista. – Marta Mika Kokubo para facilitar a vida e ensinar – até por causa da idade." Ela afirma que isso implica abrir mão de controlar e centralizar as operações. "Eu falo: 'gente, estou aqui para orientar'. E aí eu crio uma autonomia tão grande na equipe que hoje a minha vida é muito mais tranquila, porque eles fazem, eles resolvem." Marta ressalva que o caminho para formar uma equipe participativa não é fácil. "Eu trabalho com meninas novas de 23, 25 anos, que são muito radicais em algumas coisas, e é óbvio que isso bate de frente comigo porque sou de uma época completamente diferente. Eu tive uma educação machista." De qualquer forma, ela avalia que esse movimento é benéfico para que a sociedade possa evoluir. "Eu olho para aquilo e meus olhos brilham, porque todo esse radicalismo é importante para a gente chegar no equilíbrio, para que haja um desenvolvimento da mulher e que ela seja respeitada como profissional no mercado de trabalho."

'As mulheres têm dificuldade de achar vaga em engenharia por causa do preconceito'

Na época em que era estagiária, a engenheira civil Camila de Carvalho Correia[1] conheceu líderes mulheres que se impunham pela forma rude com que tratavam os subordinados. "Quando eu ainda não sabia comandar uma equipe, eu percebia que tinha duas opções, até por ser mulher, pequena e falar fino. Ou eu me tornava extremamente grosseira com a mão de obra, ou pedia com gentileza para que fizessem o que eu precisava. Eu segui mais essa segunda linha: 'não tenho forças, me ajuda'." Ela diz que com o tempo aprimorou esse estilo de gerenciar: "Toda vez que preciso que o trabalho seja feito rapidamente, eu cobro, mas também elogio. Brigo, mas cedo em alguma coisa, e assim vai. Agora, na posição de gerente, tenho que tomar cuidado com as palavras que uso, então não posso ser

---

1. Perfil na página 134

irônica como quando era estagiária. Eu preciso ser séria e ao mesmo tempo gentil para conseguir que as pessoas façam o que eu quero". Camila é atualmente responsável por uma grande obra na cidade portuguesa de Cascais. "É um projeto difícil, que envolve muita logística, mas o maior desafio é lidar com a equipe. Trabalhar em grupo tem sido um aprendizado, porque eu sou muito jovem e abaixo de mim há pessoas mais velhas, pessoas de outra nacionalidade..."

Camila compartilha a opinião de que as mulheres prestam mais atenção aos detalhes em comparação com os homens. "Elas foram educadas para cuidar de casa e do bem-estar. Então, veem muito essa parte do conforto. Quanto melhor forem os materiais usados numa construção, os espaços, a iluminação, mais fácil será a vida delas." A engenheira usa como exemplo um episódio que viveu em uma construtora em São Paulo: "Os homens queriam colocar um piso de cerâmica que era superbonito, mas gelado. Eu perguntei: 'e quem é que vai querer pôr o pé nesse piso?'" Ela conta que seu chefe na época a encarregou de contratar um estudante de engenharia para aliviar sua carga de trabalho. "Só que, sem falar nada, eu comecei a pesquisar estagiárias mulheres. Acho que muitas vezes as mulheres têm mais dificuldade de conseguir vaga em engenharia, porque sofrem preconceito. Não custa nada nós também nos ajudarmos quando a pessoa é capaz." Depois de entrevistar várias candidatas, ela considera que acertou na escolha. "A contratada era uma pessoa muito carrancuda, não conseguia ser política. Então, uma das coisas que consegui ensinar para ela foi como lidar com as pessoas. Eu a treinei e no fim, quando saí dessa empresa, ela ficou no meu lugar."

'Sempre quis causar impacto nas pessoas'

"Durante a minha trajetória, os modelos femininos de liderança não eram bons. Eu falava que não queria ser gestora, não queria ser líder, porque eu via como eram as mulheres que cresciam e eu não queria me tornar aquilo. Eram pessoas extremamente agressivas, que praticamente não tinham família," descreve Paula Giannetti.[1] "Não era esse o modelo que eu tenho para mim. Se eu tivesse de abrir mão de outras coisas, não ia querer ser aquele tipo de líder." O desapontamento que ela sentiu desapareceu com o curso natural de sua carreira: "Eu queria fazer coisas legais, coisas que me trouxessem satisfação. Aí eu descobri que quando você faz uma coisa legal e de que gosta, você é promovida. Assim você vai crescendo e consegue gerar impacto. E era isso que eu sempre quis: impactar as pessoas, seja como psicóloga numa clínica ou em outro lugar".

Paula explica que se deu conta de que era capaz de causar impacto de uma forma diferente daqueles modelos de liderança ultrapassados. "Dá trabalho, mas eu vi que, com credibilidade e embasamento, a gente influencia e acaba se tornando um modelo para outras pessoas." Uma providência corriqueira pode servir de exemplo para essa postura empática e colaborativa: "Hoje mesmo me atrasei um pouco porque fui comprar um saquinho com medicamentos para abastecer a caixa de primeiros socorros que tem no setor. Quando eles me agradecem, eu digo: 'estou aqui pra cuidar de vocês. Faz parte do meu papel'".

'Não basta saber o que a gente quer, mas como fazer para chegar lá'

A jornalista e bacharel em letras Ana Cláudia de Souza[2] está convicta de que chegou à atual posição de vice-presidente sem alterar seu jeito de ser: "Continuo sendo quem eu sou, com minhas qualidades e defeitos. Sou muito estudiosa, mas ao mesmo tempo meio impaciente e extremamente ansiosa. Falo alto se precisar, comigo não tem muita fofura..." Ela afirma que sempre se posicionou em todas as situações. E com o tempo tomou consciência de

1. Perfil na página 132
2. Perfil na página 159

si própria e começou a reunir argumentos para defender aquilo em que acredita de fato. "Mas não adianta só acreditar. Eu falaria para essa juventude que não basta acreditar em algo; a gente tem que ter consciência não só do que se quer, mas também de que forma vai conseguir chegar lá."

Ana diz que nunca quis ser empreendedora por conta própria: "Não gosto, não é a minha. Eu sempre almejei ser uma executiva no mundo corporativo. Mas para ser uma executiva, do que eu preciso? O que o mercado espera de uma executiva? Quais são todos os diplomas que eu preciso obter?", pergunta. Para ilustrar, ela menciona que a formação em letras se tornou o maior diferencial para alavancar sua carreira: "Todas as entrevistas de seleção que fiz foram em espanhol. Só falei português quando a menina do RH me ligou perguntando sobre a questão de salário. Hoje estou numa empresa americana lidando com a América Latina justamente por causa do meu espanhol", comenta com um sorriso aberto.

'Sou uma militante corporativa; se eu me integrasse, iria contra a minha essência'

Priscila Paula[1], que se define como "uma mulher negra, carioca, que fala de um jeito assim meio solto – não grosseiro, mas nervoso", sabe como é difícil para alguém com o perfil dela se integrar no ambiente empresarial. "Quando você é uma pessoa de recorte, isso traz um peso muito grande. Fica muito mais difícil construir o seu espaço dentro do mercado de trabalho", diz ela. Certa vez, ao expressar determinada opinião em uma reunião de trabalho no setor de Recursos Humanos, foi chamada de "reativa", enquanto uma par que se manifestara de forma semelhante não recebeu crítica.

Ela conta que em suas conversas com líderes mulheres, principalmente negras, tem notado duas formas de lidar com as pressões

---

1. Perfil na página 162

do ambiente corporativo: "Algumas pessoas negras estão ascendendo e, para conseguir sobreviver, acabam se encaixando no padrão e repetindo os comportamentos que fizeram com a gente, com o nosso povo. Eu não julgo isso, porque sei quanto é difícil chegar nesse lugar e ainda assim ser uma pessoa ativa na mudança. Não acho que seja errado, porque também é uma maneira de entrar e quebrar esses paradigmas". Em contraponto a essa postura, ela se situa do lado de quem não se integra a um sistema arcaico. "Eu falo que sou uma militante corporativa, faço parte da galera que tenta quebrar o sistema. Até tentei [me integrar], mas vai contra a minha essência."

Priscila revela que demorou para entender que é portadora de um tipo de inteligência pouco comum no meio corporativo, o que pode incomodar algumas pessoas: "Eu não consigo ter uma linearidade de pensamento. Ser muito certinha, muito metódica, isso não é para mim. E eu consegui trazer isso para dentro do RH, o que é quase impossível". Ela diz que tem como norma respeitar a individualidade das pessoas, explorando a maneira como cada um aprende. "Acho que existe um paradigma que a gente precisa quebrar. Precisamos trazer pessoas com outros tipos de inteligência e com outros tipos de perspectiva, porque isso funciona."

'Em termos de performance, existem vários estigmas sobre a mulher preta'

Ao ser promovida de diretora financeira a principal executiva na organização social em que atua, a gestora **Leticia Souza Tavares**[1] admite que encontrou dificuldades para superar o período de transição. "Em uma semana eu era só a Leticia do Financeiro, e na seguinte todo mundo sabia meu nome e sobrenome. Eu virei a chefe inclusive de gente que tem a idade do meu pai." Ela afirma que o fato de ser mulher também pesou naquela situação. "O fundador é

1. Perfil na página 216

um homem branco, hétero, cis[1] e que, por ser um artista que está muito na mídia, acabou sendo a cara da organização durante muito tempo. As pessoas não respondem a ele como respondem para mim."

A trajetória em direção à liderança apresentou outro empecilho, na visão de Leticia: "Sobre performance, existem vários estigmas em volta da mulher preta. Não basta entregar o bom, você sempre tem que entregar muito mais. E você é acusada de estar exaltada quando só está sendo minimamente assertiva. Essas são realidades que continuam acontecendo de segunda a sexta, qualquer que seja o setor em que a gente trabalhe". Ela avalia que, três anos passados, conseguiu superar vários obstáculos e estabelecer um bom diálogo com a equipe que lidera. "A gente criou uma relação de trabalho saudável, onde eles me respeitam e acreditam nas minhas ideias. Graças a Deus a gente mantém uma convivência bem harmoniosa, em que prevalece esse lugar do cuidado e principalmente da transparência." Para chegar a esse resultado, foi fundamental contar com o incentivo do fundador da organização: "A gente é muito complementar. Eu executo com *compliance* as loucuras dele".

'Eu nunca era eu mesma nas entrevistas de emprego'

"Se para uma mulher cis já é complicado, imagina para uma mulher trans, travesti?" Quem levanta a questão é a gestora de recursos humanos **Luuk Luana**,[2] a propósito dos primeiros recrutamentos pelos quais passou na carreira. "Tive contato com o preconceito corporativo desde que comecei a participar de processos seletivos. Eu chegava numa entrevista de emprego quando ainda não existia nome social, o termo mulher trans não era tão popularizado, não tinha esse lance de pronome..." Como já tinha traços delicados e

---

1. Abreviatura de "cisgênero", termo que se refere à pessoa identificada com o gênero (masculino ou feminino) que lhe foi atribuído ao nascer.
2. Perfil na página 101

usava roupas mais femininas, ela conta que a solução foi criar uma personagem para enfrentar essas ocasiões: “Eu nunca era eu mesma. Prendia o cabelo, colocava uma roupa sem gênero, usava pouquíssima maquiagem... Imagina se eu aparecesse assim de cabelão, maquiada, com decote e tal?”

A cada seleção frustrada, ela se questionava: “Será que foi a minha roupa? Até quando o mundo vai me excluir?” Luuk conta que esse comportamento se repetiu até a vez em que se candidatou para uma vaga interna na empresa de telemarketing onde trabalhava. “Nesse processo, eu falei: ‘desta vez eu vou ser eu mesma’. E usei meu batom vermelho, fiz o meu penteado e vesti a camisa florida de que mais gostava”. Foi então que resolveu fugir do padrão também nas respostas. “Em vez de dizer ‘ah, sou uma pessoa superproativa’, falei dos indicadores, descrevi como era o atendimento ao cliente e detalhei a estratégia dos produtos que eu atendia.” Ela conta que a aprovação nesse processo foi fundamental para que ela fizesse a transição profissional para o treinamento, área onde atua na empresa Elo Cartões.

PERFIL
Larissa Messias Romero

Aprendendo e crescendo junto com a empresa

O sonho de seguir carreira na diplomacia que Larissa Messias Romero cultivava na época de estudante foi prejudicado, como acontece com muitas mulheres, pelo velho e mau preconceito. “Eu fiz faculdade de relações internacionais porque queria ser diplomata e trabalhar em embaixada, e também porque sempre gostei dessa parte da política, de idiomas, de estar em contato com outras culturas e tudo o mais, mas logo percebi que infelizmente o Itamarati era supermachista. Era muito difícil uma mulher conseguir ser embaixadora. Acho que até hoje, tanto que são pouquíssimas as embaixadoras

– uma coisa é embaixatriz, casada com o embaixador, outra é mulher embaixadora, que representa o Brasil em países importantes." Ela conta que, assim como outras colegas, também perdeu a motivação ao se defrontar com a misoginia que impera na diplomacia brasileira. "Já na metade para o final da faculdade, eu vi que, se conseguisse passar [no concurso de admissão para o Instituto Rio Branco], ia alcançar no máximo o posto de segunda-secretária. Bem diferente de como é aqui nos Estados Unidos", compara ela, fazendo referência ao país em que vive atualmente.

Como quase sempre acontece nos casos em que as mulheres enfrentam barreiras para ascender profissionalmente, quem saiu perdendo foi a instituição, porque Larissa deu seu jeito de aproveitar sua facilidade de aprender línguas. "Aí passei a procurar emprego em comércio exterior e fiz estágio até que surgiu a oportunidade para entrar numa consultoria de recursos humanos para cuidar de expatriados. Mas isso porque eu falava espanhol e inglês." Foi na época em que se instalaram aqui as grandes multinacionais de telecomunicações, com seus técnicos e executivos estrangeiros. "Foi assim que entrei para o RH, onde fui aprendendo, fui gostando... O interessante é que, quando eu era mais nova, um dos cursos que queria fazer era psicologia, e como sempre quis trabalhar no mundo corporativo, pensei que o RH seria uma área legal. Aí fui me interessando e crescendo dentro dessa consultoria, em que fiquei seis anos. E sempre fazendo cursos, incluindo um MBA mais para a parte de negócios."

Até que chegou o momento decisivo na carreira de muitos profissionais: continuar a trajetória de forma incremental ou arriscar um avanço exponencial? Em outras palavras: fazer mais do mesmo dentro dos limites estabelecidos ou abraçar a inovação e desbravar outros caminhos? No caso da Larissa, a resposta é óbvia. "Pra falar a verdade eu não tinha experiência com o *hardcore* do RH, tipo folha de pagamentos, remuneração, benefícios, essas coisas. Na consultoria, eu era muito mais focada em recrutamento e seleção e, no lado do desenvolvimento, em projetos de estágio. Mas eu falei assim: 'eu vou tentar, eu faço um curso, aprendo legislação trabalhista...'"

Larissa lembra que a virada se deu quando ela entrou na The Estée Lauder Companies, um dos maiores grupos de beleza no mundo, até então pouco conhecido no Brasil – as pessoas só conheciam uma das marcas do conglomerado, a MAC, que era representada no país por um distribuidor. "Na época, eles estavam abrindo uma filial e precisavam de alguém pra começar uma *startup operation*", lembra ela. "A gente começou do zero, supersimplesinho, e eu fui crescendo junto com a empresa, por assim dizer. Tive vários líderes, passei por tantas regionais até que, cinco anos atrás, recebi o convite de vir para a área de Travel Retail, que cuida do comércio em aeroportos, navios e *duty frees* das ilhas caribenhas."

A partir do escritório de Miami, Larissa Messias, como é mais conhecida, é responsável pelo RH para a área de Varejo de Viagem Américas, tendo reunido ampla experiência no comércio varejista de marcas de luxo. Como diretora, lidera programas de remuneração, relacionamento com funcionários, recrutamento e seleção, retenção de talentos e desenvolvimento, planos de sucessão, engajamento e diversidade. Mãe duas vezes (o menor ainda é um bebê), desde que a família foi para os Estados Unidos ela sempre teve o suporte do marido. E diz que conta com o apoio dele para o próximo passo na carreira, que provavelmente será assumir um posto na sede global, em Nova York. "Já tive conversas nesse sentido e sei que, quando for a hora, desta vez estarei bem mais preparada."

PERFIL

Fernanda Chilotti

O belo e difícil caminho de falar quem a gente é

Quando Fernanda Chilotti chegou ao escritório na volta das férias de cabeça raspada, os colegas da área de Recursos Humanos já sabiam que o motivo era sua iniciação no candomblé. "Eu já estava mais avançada na carreira, tinha total liberdade na organização em que eu estava para compartilhar essa notícia. Eu perguntei como isso ressoaria para eles. O vice-presidente de RH, Nelson Fernandes, me olhou e disse: 'eu te contratei porque você era uma pessoa corajosa'. Isso foi tão lindo!" Mas se as pessoas próximas estavam cientes, o mesmo não acontecia com o conjunto dos empregados. "Eu trabalhava numa empresa de transformação plástica com 5 mil funcionários, de trabalho intensivo, chão de fábrica mesmo, cheia de operadores, operadoras, assistentes... A notícia correu igual pólvora!" Fernanda considera que o episódio comprova "a beleza da coisa de falar quem a gente é. Trata-se de uma obrigação ancestral para quem está em lugar de privilégio. O fato de eu me colocar como uma mulher lésbica e candomblecista fez com que outras pessoas se sentissem confortáveis para compartilhar. Então elas não precisavam mais mentir que tinham tido um problema na química e o cabelo caiu". Para ela, se uma pessoa consegue ser ela mesma em qualquer ambiente, tem conforto para se desenvolver e produzir. "E na companhia, performar é dinheiro na mesa, não é?"

Fernanda vem de uma família "muito simples", em sua definição. A avó, que seria classificada hoje como analfabeta funcional, nascida e criada no interior de São Paulo, teve cinco filhos de sete gestações. "Ela sofreu muito na vida. Casada com um alcoolista, com falta de dinheiro e de respeito, ela tinha que trabalhar muito para conseguir colocar às vezes só fubá dentro de casa. Minha mãe cresceu num ambiente muito hostil. O que ela tinha era um olhar de carinho e de amor da mãe dela. Enquanto a minha avó trabalhava como costureira, a minha mãe cuidava dos quatro irmãos mais novos. Ela cozinha desde 6 anos de idade. Todos os irmãos começaram a trabalhar muito cedo. Quando estavam maiorzinhos, mamãe já podia deixar de cuidar deles e passou pelos empregos mais diversos: fábrica de calçado, loja de noiva... " Ao falar de sua origem, Fernanda chega a se emocionar: "É desse lugar que eu venho. Eu tenho um lugar de muito privilégio hoje graças a elas". Na família do pai, a estrutura financeira era um pouco melhor, ainda que modesta. "O meu avô paterno era funcionário público. Também alcoolista, foi afastado pelo INSS com 30 e poucos anos por causa de cirrose. Assim, com pouco dinheiro, papai também teve de trabalhar muito cedo. Interessante como a gente constrói os caminhos na dor", reflete ela. "Em resumo, eles se casaram muito novos, escolheram engravidar logo e desejaram ter uma menina... e que nascesse em 12 de outubro, que é o dia de Nossa Senhora Aparecida, de quem minha mãe era devota. Eles programaram para que isso pudesse acontecer."

A menina nascida "num cortiço na Penha onde o banheiro era comunitário" passou a se dar conta dos contrastes já no primeiro passo da vida profissional, um programa para *trainees* no Santander. "Eu vim de uma faculdade classificada como de terceira categoria e disputei a vaga com gente da FGV e das grandes universidades. Quando eu passei e comecei essa carreira, o primeiro perrengue foram as conexões básicas para criação de vínculo. Sempre chegava alguém na segunda-feira falando a respeito de como tinham sido os passeios e viagens no sábado e domingo. Nunca vou me esquecer do relato de um colega que tinha ido e voltado de Nova York no jatinho da família. Eu estava nos últimos anos da faculdade e tinha passado o final de semana parte estudando e parte lavando roupa e limpando a casa." Fernanda relata que nesse período conheceu pessoas com quem se conectou e que lhe prestaram ajuda. "Houve homens aliados, mas foram majoritariamente mulheres que se conectaram. Eu sempre me coloquei muito à disposição para aprender, porque aquela era a chance da minha vida. Então para mim não tinha tempo ruim. Se eu tivesse que trabalhar 18 horas por dia eu trabalharia. Isso começou a ser percebido como um valor naquela organização, e entrei em contato com pessoas que começaram a ver o valor de tempo oferecido e também o valor do trabalho entregue."

Fernanda diz que sempre se recorda das histórias que ouvia da avó, Izabel, e da mãe, Izilda. "Elas não falavam para me forjar forte, elas só falavam para desabafar. E era nesse desabafo que eu entendia o tamanho da força que elas tinham. Elas nunca fizeram propositalmente, como hoje eu faço com a minha sobrinha, por exemplo. Elas só contavam histórias, porque, afinal de contas, naquela época o que era o empoderamento feminino? O que era equidade feminina? Que lugar era esse que a mulher tinha?" Ela exemplifica com o conselho que a mãe lhe dava: ser professora para trabalhar meio período depois que se casasse. "Ela estava falando sobre a importância da autonomia e independência financeira para a mulher poder fazer suas escolhas." Não há dúvida que Fernanda, "filha de Oxum, casada com Adriana, apaixonada por pessoas, vinhos e corintiana" – como se classifica – e que é vice-presidente da corretora de seguros e avaliadora de riscos Marsh Brasil, fez suas escolhas na vida. E com coragem, como dizia aquele gestor do início. "Bom, não foi e não é um caminho fácil. Até porque tem que manter essa jornada forte e firme na nossa mente todo dia. Agora, como uma mulher periférica e lésbica, vamos convir que eu também não trouxe coisas fáceis para a minha vida, não é mesmo?"

Conversa com a Senses

A consultora da Senses Barbara Duran troca ideias com Soraya Santos a respeito das várias formas de liderança feminina.

Soraya: O que mais atraiu o seu interesse quando você leu o capítulo e os perfis das pessoas entrevistadas?

Barbara: Quando nos deparamos com uma coisa bastante objetiva, com fatos e dados, sempre pega. Então, o primeiro ponto são alguns números. Nós mulheres estamos em crescente no mercado corporativo, mas o tamanho da nossa fatia ainda é infinitamente menor do que nós merecemos e do que precisamos. Falando de Brasil, existem muitas mulheres que cuidam sozinhas das suas famílias. É uma realidade do nosso país. E quando você analisa etnia negra, aí fica muito pior e bate uma tristeza enorme de saber que apenas 3% dos cargos de liderança estão com mulheres negras, sendo que os negros são a maior parte da população do nosso país. Outra coisa que me chama a atenção é como a mulher é linda para dar um jeito e fazer a coisa acontecer. Porque se você pega a história de cada uma delas que participaram do capítulo, vê que todas encontraram uma barreira. E todas nós encontramos essa barreira – não é subjetivo, não é drama feminino...

Soraya: Não é mimimi, não é?

Barbara: Não é, existe essa barreira. E percebemos no texto e na vida que cada uma vai achando o seu jeitinho. Acho que essa é uma maravilha de ser mulher, de sermos maleáveis, flexíveis, de termos um olhar holístico sobre as coisas – e sempre buscando uma solução.

Soraya: Fico me indagando se de fato existe uma diferença de estilos de liderança entre homens e mulheres ou se isso não é um estereótipo que a gente se colocou: "ah, a mulher tem aquele jeitinho mais sensível, mais humano, mais detalhista e o homem é um ser mais focado em resultado, mais agressivo". Será que isso é inato ou é um viés do nosso comportamento?

Barbara: Eu acho que existe o viés, até porque estamos aprendendo a nos desconstruir agora. Todos nós, homens e mulheres, temos vieses em relação a gênero, mas eu acredito de fato nas diferenças biológicas e hormonais e, também, no entorno em que a mulher foi criada. Se considerarmos o ambiente, a biologia, isso também traz respostas de que temos diferenças entre o sexo masculino e o feminino, desde o diâmetro do osso até a quantidade de testosterona de um e do outro, e por aí vai. Não dá para negar a ciência nunca. Então, pela criação e pela biologia, existe uma parte que justifica que há uma diferença. Agora, uma grande parte é viés, e é necessário haver uma desconstrução. Falando de mim e de você, por exemplo, que somos duas mulheres extremamente objetivas, que temos bastante foco no resultado...

Soraya: Sim.

Barbara: Só temos que tomar cuidado com as generalizações. Eu brinco que toda generalização é burra, menos essa, de que toda generalização é burra.

Soraya: Claro que existem as diferenças fisiológicas de todos os níveis, quer a nível físico, quer a nível hormonal ou até de formação do sistema nervoso central, são dados científicos. Mas será que nós também não colocamos aí uma camada, pela nossa história, do tipo "você mulher tem que ser assim"? E eu até falo porque eu não sou assim e você não é assim, mas conheço muitas mulheres que são, e cada um é como é. Mas acho que existe um estilo de pessoa, um estilo de líder, e existe um estilo relacionado a gênero.

Barbara: É uma equação.

Soraya: Exato. Também para a gente desmistificar um pouquinho essa coisa de "você é mulher e para você se provar e conseguir sentar numa cadeira de diretora, você tem que colocar a sua armadura e o seu terninho". Será que tem que ser assim? Acho que não é nem uma coisa nem outra, tem que ser o que faz sentido para cada uma.

Barbara: Trazendo até um dos conteúdos que trabalhamos muito dentro da Senses, que é a questão da comunicação: aprendemos em comunicação que precisamos encontrar o código do outro e falar no código dele para que ele possa nos compreender. E aí usamos algumas teorias para chegar a essa conclusão... E quando olhamos a maioria masculina, é uma massa que tem um código de achar que tudo da mulher é dramático, é mimimi. E achamos que um dos caminhos é bater de frente. Eu fiz isso. Eu era vista como... aí, de novo, dois preconceitos em um: mulher líder. E já que eu era tão dura, devia ser lésbica, não é? Porque as pessoas imaginam que para ser lésbica tem que parecer com homem, só existe aquele tipo. E isso veio até a minha penúltima cadeira de liderança, onde vivia escutando "vai, Poliana; fala aí, Poliana!". Sendo que eu era a única mulher sentada na cadeira de diretoria, e o resto, sete ou oito homens. Acho que existe viés, existem os componentes todos, é uma equação, e existe o homem que entende melhor quando você pega pesado. Ele te respeita mais.

Soraya: Você falou de comunicação. Talvez ele se sinta um pouco mais ouvido e crie identificação, mas, de novo, não é um único caminho para todas.

Barbara: Uma história minha, no contexto pessoal: eu e meus meninos morávamos num prédio em que eu era uma das pouquíssimas separadas e sofria aquele preconceito geral da mulher separada: não pode fazer parte da turma aqui nem da turma ali. O síndico era homem, um homem militar, um homem que brigava muito. E os meninos eram adolescentes e aprontavam, não é? Esse síndico falava assim: "você e a sua família destoam aqui do prédio". Mas um dia eu o encarei e disse – juro por Deus que não havia dois dedos de separação entre os nossos narizes – "fala isso aqui de novo na minha cara, mas fala direitinho e me dá uma porrada porque se você me deixar de pé, quem vai te dar uma porrada sou eu". E o cara era militar da tropa de choque, era um policial daqueles. E aí sabe o que ele fez? Afinou e disse: "você é uma mulher de fibra". Depois desse dia, ele me tratou feito um anjo de candura. Só que ele podia ter me dado uma porrada e ter me virado do avesso.

Soraya: Pois é, isso é muito triste. Mas o grande ponto é – e aqui até vou entrar nessa questão de conselhos – será que temos que peitar de igual para igual para ter respeito? O que podemos fazer de uma forma amistosa para conseguir ter um lugar mais equiparado dentro desse papel de liderança sendo mulher?

Barbara: É aquela diferença entre equidade e igualdade. Acho que ainda temos que pegar pesado em alguns momentos para sermos ouvidas, sim. Na minha opinião, precisamos reivindicar esse lugar de fala. Agora, o principal não é ter que pegar pesado – até porque existem mulheres que não pegam pesado e têm muito sucesso, inclusive neste livro. A grande dica está dentro da própria mulher, que é a questão da autoconfiança. Acho que esse é o ponto que mais pega. Tem até no livro que os homens são promovidos pelo potencial e as mulheres pelas suas entregas.

Soraya: Essa é uma das coisas que eu ia te perguntar.

Barbara: Isso acontece porque a gente nunca se sente boa o suficiente, nunca se sente preparada. Agora, não sei se isso tem a ver com a minha geração, porque as meninas mais novas encaram de outra forma. Elas têm trabalhado a autoestima e a autoconfiança de uma outra maneira. Eu queria deixar essa ressalva, porque estou falando do lugar de uma mulher de 47 anos.

Soraya: Há uma questão que vai além da autoconsciência, a questão de se mostrar: eu confio em mim, então eu vou lá e me ponho da forma como sou, com o estilo que tenho. E aí eu mostro a minha força, a minha coragem e o meu potencial, mas mostro também a minha vulnerabilidade. Porque ambos os gêneros têm essa vulnerabilidade, depende de como ela é tratada. E essa vulnerabilidade é muito construtiva. Para mim, uma dica talvez seja: coloca a mão no quadril e se mostra de peito aberto...

Barbara: É, faz a posição da Mulher-Maravilha e vai! Eu acho que é um processo, é um passo a passo. Primeiro, se conhecer, reconhecer o que você tem de brilho, de especial, de importante e colocar isso para jogo. Porque falar que a mulher precisa se preparar mais, isso é fora da realidade, porque as mulheres estudam muito mais, não é? Numa das academias de liderança de que eu participei, foi falado que a mulher estuda 60% mais do que o homem.

Soraya: Não é uma questão de currículo...

Barbara: Isso. Não é o que está no papel, é uma coisa comportamental, atitudinal, de dentro para fora. Só que barra na questão da estrutura da sociedade. E aí você precisa se fortalecer com recursos como a inteligência emocional e as ferramentas de comunicação para ir achando os caminhos, aprender a ser antifrágil... A gente sabe que vai além da resiliência, resiliente é uma das coisas que a mulher mais é. Agora, ser antifrágil é quando ela, além de tomar rasteira e se levantar, tem que se levantar diferente e se posicionar de forma diferente, exigindo novas formas. Se eu tivesse uma única recomendação para falar para as mulheres líderes, seria sobre esse trabalho de dentro para fora, porque a partir do momento em que a mulher de fato se sente confiante, ela tem muito traquejo, muita habilidade e muita visão para poder influenciar quem ela quiser.

Soraya: Tem uma coisa de se preparar para isso e ir. “Está com medo? Vai com medo mesmo”.

Barbara: Sim, porque dá medo mesmo.

Soraya: Que outra metodologia você traria como orientação prática para quem quer aprender mais sobre estilos de liderança, sobre como ser líder mulher? Você lembrou da inteligência emocional e esse conceito da antifragilidade, que é sensacional também. Alguma outra?

Barbara: Além da inteligência emocional e da antifragilidade, ferramentas de comunicação e influência sem autoridade. Precisamos nos paramentar, estarmos vestidas com as roupas e as armas de Jorge, porque ainda é uma luta. Faltam 33 anos para termos as mesmas posições que os homens têm e 66 anos para ganharmos o mesmo salário. Quer dizer, ainda temos muita briga para comprar.

Soraya: É muita estrada pela frente, não é mesmo?

Bárbara: Exato. Outra coisa legal é o resgate das histórias pessoais. Nós tivemos muitas mulheres que foram abrindo os caminhos, até dentro da nossa própria família. Então, é o caso de retomar esse poder da ancestralidade e lembrar que muito já foi feito e que vamos conseguir fazer muito mais. A dica final é: vai com medo mesmo. O bicho-papão existe, só que também podemos conquistar essa vitória, e de várias formas. O bom é a gente não se categorizar de uma única maneira e olharmos para todas essas nuances como várias possibilidades de caminhos para chegarmos aonde queremos e merecemos.

Soraya: Você trouxe essa dica final e me surgiu aqui outra: "vai, vai com medo mesmo e a cada conquista, por menor que pareça, celebre". Porque acho que essa celebração vai dar o gás, a energia e o ânimo para você ir para o próximo desafio. Muitas vezes entramos no modo contínuo, achando que o que fazemos é lugar-comum, mas não é não.

Barbara: E resgatar uma outra recomendação que você trouxe, que é a do marketing pessoal, da construção da marca, de se mostrar. Eu, por exemplo, só me ferrei por não fazer isso – eu odeio fazer esses negócios, é uma luta diária que eu tenho comigo mesma. Mas acho importante a gente encarar isso.

3

Preconceito, assédio e diversidade

O machismo é o preconceito mais praticado no Brasil. Metade das pessoas que já ouviram frases preconceituosas de algum tipo não tiveram reação, mas, entre quem reagiu, 60% eram mulheres. As conclusões de uma pesquisa conduzida pelo Ibope Inteligência em 2017[1] ecoam nos depoimentos a seguir. As mulheres em posição de liderança aqui presentes testemunharam episódios de discriminação envolvendo o machismo, mas também racismo, homofobia, etarismo e preconceitos difusos contra quem é diferente no ambiente corporativo. Em outras palavras, são elas (incluindo as mulheres trans) as maiores vítimas e justamente quem mais combate as práticas discriminatórias no dia a dia laboral.

Os três conceitos do título deste capítulo estão entrelaçados. O **preconceito**, ou a visão estereotipada do mundo baseada em características diferenciais, pode resultar – e frequentemente é isso que acontece – no **assédio**, ou o abuso relacionado com o poder desigual. O terceiro elemento da equação, a **diversidade**, pode funcionar como antídoto para essa cadeia perversa. É nisso que apostam as empresas mais sintonizadas com seu tempo, que adotam critérios

1. Pesquisa realizada pelo Ibope Inteligência por encomenda da Ambev. Disponível em https://www.cartacapital.com.br/diversidade/no-brasil-o-machismo-e-o-preconceito-mais-praticado/

e normas em busca de aumentar a conscientização, ampliar a pluralidade e garantir espaços de trabalho seguros e acolhedores para todas e todos.

'Os homens nem percebiam como aquele ambiente era machista'

Durante o curso de medicina, na década de 80, **Helidea Lima**[1] conviveu com algumas mulheres na condição de alunas da faculdade, mas eram raras as professoras. Diretora da Rede D'Or São Luiz, ela comenta como transcorriam as reuniões com os homens na época em que era sócia de outro hospital: "A postura dos meus sócios era muito marcada pela questão sexual. Eles diziam: 'ah!, vou ter que sair com aquela proprietária para fechar o contrato do terreno', ou 'quem vai jantar com ela para convencê-la a fazer a negociação?' Certa vez, as atitudes machistas a afetaram de tal forma que ela passou a noite em claro. "Eu nem pude comentar com o meu marido em casa, porque senão ele não ia deixar eu continuar naquele ambiente." Helidea chegou a perguntar para sua terapeuta como deveria proceder, uma vez que seus pares chegavam a dar gargalhadas da situação: "O que eu faço, tenho que rir também? Devo me levantar e sair da sala?".

Esse modo de agir era considerado natural naquele contexto, informa ela. "Eles nem percebiam como o ambiente era machista. Eu realmente ficava tão incomodada que teve vezes que peguei minhas coisas e falei: 'como o assunto está nesse nível, acho que a reunião acabou. Vocês já estão num encontro de sauna, né?' Tenho certeza de que quando eu saía da sala eles riam: 'bom, ficamos livres...'" Outra forma de abuso era a desqualificação profissional da mulher: "Eu dava uma opinião pertinente e eles diziam: 'não sei como pode ser mulher e pensar tanto'. O resultado foi que Helidea adoeceu duas

---

1. Perfil na página 188

vezes enquanto participava da sociedade. "Até que entendi que não havia espaço para mim. Os valores morais eram muito diferentes dos meus", afirma, ressalvando que os constrangimentos nunca passaram do campo das palavras: "Acho que sempre fui tão incisiva que não dava esse espaço".

Na condição de líder de uma equipe predominantemente feminina, Helidea assegura que a situação mudou bastante. "Muitas coisas que eu sofri no passado hoje seriam consideradas assédio moral... Se acontecesse agora, eu processaria essas pessoas." Fazendo uma retrospectiva, ela reconhece que seu comportamento afrontava os homens de então. "Eu não tinha paciência, botava o dedo na ferida mesmo. Com a maturidade, percebi que posso abordar de um jeito diferente, dar a volta para chegar lá." Perguntada se o relacionamento entre os gêneros no ambiente de trabalho estaria mais leve, ela prefere dizer que "está mais reconhecido". De qualquer forma, Helidea aprendeu a entender o estilo masculino de negociar, que, admite, funciona. "Eles vão direto para o resultado, enquanto a gente tem mais características emocionais, de analisar demais os detalhes até chegar no produto pronto."

'Ao sofrer assédio, aprendi que não posso deixar de falar quem eu sou'

O Código Penal brasileiro descreve o crime de assédio sexual como o ato de "constranger alguém com o intuito de obter vantagem ou favorecimento sexual, prevalecendo-se o agente da sua condição de superior hierárquico ou ascendência inerentes ao exercício de emprego, cargo ou função". Foi o que aconteceu com a executiva de recursos humanos **Fernanda Chilotti**,[1] vice-presidente sênior da seguradora e consultora de riscos Marsh Brasil. Por razões óbvias, ela descreve o episódio sem identificar a fase da carreira em

1. Perfil na página 71

que ocorreu. "Em um desses eventos sociais de trabalho, como festinhas e *happy hours*, uma pessoa de um nível altíssimo dentro da organização me passou uma cantada. Eu já era casada e respondi: 'a minha esposa e eu, a gente tem uma relação de fidelidade'." O comentário que Fernanda ouviu então parece tirado de um esquete humorístico: "Sua esposa? Você é sapatão porque nunca me experimentou!" Ela denunciou o assediador por meio do canal adequado disponível na empresa e conta que ensinamento tirou da situação: "Eu aprendi que não posso deixar de falar quem eu sou, porque a sociedade pressupõe relacionamentos héteros. Por isso, sempre no começo das minhas conversas eu tento de alguma maneira trazer a informação sobre a minha esposa".

Fernanda entende que conceitos como diversidade, inclusão e equidade têm circulado no meio corporativo com mais força nos últimos 15 anos. "Eu tive o privilégio e a oportunidade de trabalhar em companhias que intencionalmente saíram da filosofia e aterrissaram nas práticas. Para isso é preciso intenção e, claro, muita parceria. Nem o RH nem a área que está incumbida do programa de diversidade e inclusão conseguem fazer isso sozinhos." De acordo com sua experiência no assunto, são poucas as companhias cuja política de recrutamento e seleção contém medidas práticas para garantir a diversidade, como a presença de 1/3 de mulheres. "Essas empresas contam com programas que incluem discursos, palestras, reuniões, rodas de conversa, chamam celebridades para falar..." Ela explica que todas essas ações são importantes, mas não suficientes: "É uma questão muito simples de matemática. Se toda companhia que se coloca como aberta e que propaga o discurso de equidade de gênero efetivamente praticasse essa equidade, não haveria um percentual tão baixo de mulheres no mercado de trabalho". Em outras palavras, não basta ter a intenção de aumentar a participação feminina, é importante pensar de que forma se vai atingir esse objetivo. "Como é que essa organização está trazendo as mulheres para sua lista de candidatos?", indaga ela. "É só para ser assistente administrativa? E aí não adianta dizer que 40% da sua população é composta de mulheres se não tem uma gerente, uma coordenadora, uma diretora, uma vice-presidente..."

'As mulheres estão se impondo mais em relação ao assédio'

O dia em que se separou do ex-marido ficou marcado na vida da atriz **Camila da Rocha Vaz**:[1] "Eu estava falando alguma coisa para a nossa filha, que tinha 4 anos na época, e ele achou que eu estava reclamando dele. Aí ele a puxou meio que machucando o bracinho. Quando eu fiz menção de tirá-la dele, levei um tapa na cara". A reação imediata de Camila foi se mudar com a filha para a casa da avó e se separar do agressor. "Sei que é difícil a mulher ter a coragem de sair de um relacionamento tóxico", ela reconhece, "mas eu pensei: 'se ele fez isso agora, imagina qual vai ser o próximo passo?'" Vivendo um novo casamento que lhe deu a segunda filha, ela teoriza que o antigo marido reproduzia em casa o ambiente abusivo de sua infância. "Para ele era normal ser machista, porque a criação que teve foi muito dura. Então, a mulher que se dane! Graças a Deus eu me separei cedo e me livrei disso." Ela conta que nem procurou a justiça para pleitear pensão. "Eu não quis brigar. Só queria trabalhar para sustentar a minha filha e me livrar de quem tem energia ruim."

Camila afirma que o atual marido, de quem é sócia na companhia Coruja EmCena, é em tudo o oposto de um homem opressor. "Ele é músico, e assim conseguimos juntar as duas coisas. Eu faço toda a produção teatral com foco nas crianças, e ele faz as apresentações musicais." A respeito dos relatos de abusos que vêm sendo revelados nos últimos anos, ela avalia que "o meio artístico é um pouco diferente de outros lugares, sim. A gente sempre fica sabendo de histórias de mulheres que não se impuseram como deveriam". Ela cita sua

---

1. Perfil na página 190

festa de formatura na escola de teatro: "Quem subia para ficar com o diretor, uma semana depois estava na novela". Camila diz que não sofreu assédio desse tipo porque impunha limites: "Eu nunca vivenciei porque sempre pus uma barreira, uma parede. Eu dizia: 'cala a boca e tchau!'" Em sua opinião, as denúncias e reações da sociedade contribuem para que os relacionamentos sejam mais equilibrados em todos os ambientes. "Acredito que esteja mudando para aquelas mulheres que sentiram medo. Aquela mulher que apanha do marido tem medo, aquela mulher que é assediada pelo chefe no trabalho tem medo. As mulheres estão se impondo mais em relação a isso. Espero que chegue no patamar em que cada um vai escolher o que quer – e não só as mulheres, mas o ser humano em todo lugar do mundo."

'Promover a inclusão não é dar abraço em árvore'

No passado, a gestora de recursos humanos **Isabele Quirino**[1] se autodeclarava branca. "Eu sempre entendi que fisicamente não estou dentro de um padrão de beleza e passei por todos esses questionamentos da vida. Nunca fui cega para as questões que recaíam sobre mim, porque já entrei em loja e não fui bem atendida, mas achava que era uma questão mais social do que de raça." Trabalhando como consultora na Volkswagen Financial Services, Isabele conta que pôde se aprofundar no tema quando integrou a área que cuidava de inclusão e diversidade em um emprego anterior. "Minha trajetória profissional acabou influenciando nessa autorreflexão pessoal e entendi que, apesar da pele clara, eu sou uma mulher negra. Sim, eu faço parte de uma comunidade de mulheres negras." Sobre o atual estado do processo de inclusão no mundo corporativo, ela afirma que rostos como o dela são cada vez mais comuns nas empresas, mas ainda não em postos da alta liderança.

---

1. Perfil na página 103

Isabele insiste que a educação é a melhor forma de ampliar o acesso aos lugares que sempre foram interditados para quem não faz parte da elite. "Eu posso não ter a conta bancária tão recheada, porém, com conhecimento, cultura e educação eu consigo discutir de igual para igual com muitas pessoas no ambiente corporativo. Eu posso nunca ter saído do país onde habito, mas isso não me limita de conhecer aspectos culturais de fora." Ela conta que sua família valorizava o estudo como uma ferramenta de autossuficiência. "Meus pais fizeram um sacrifício grande de abrir mão de muitas coisas na juventude deles para que eu tivesse um bom ensino. Até hoje sou uma pessoa que estuda muito, porque entendo que é o conhecimento que vai me levar adiante. Eu tento ser alguém que divide o que conhece e que valoriza isso no outro." Para ela, a discriminação deve ser combatida com a mobilização coletiva. "A cada dia que passa me convenço de que esse não é um trabalho solo. Meu trabalho é ser uma articuladora, é trazer as pessoas para o tema e compartilhar essa visão sistêmica de negócio para influenciar positivamente no processo de inclusão e naturalmente ter mais diversidade e representação dentro da empresa. É preciso desconstruir essa ideia de que promover a inclusão é dar abraço em árvore."

'Eu sempre soube que era uma mulher preta, mas isso nunca tinha sido posto à prova'

Descobrir formas de eliminar as discriminações de gênero, etnia e idade nas relações de trabalho é uma questão importante para a economista Ana Cláudia de Souza:[1] "Gostaria que as pessoas se informassem sobre como quebrar as barreiras para mulheres negras seniores e como conduzir a nova geração, que quer ser o que somos mas não quer viver o que vivemos". Ela tem clareza de que sua posição como alta executiva do banco JP Morgan representa uma

1. Perfil na página 159

raridade no contexto corporativo. "Em mais de mil funcionários no Brasil, somos pouquíssimas mulheres negras e existe apenas uma no mesmo cargo que eu. Então eu tenho uma perspectiva geracional com viés de raça."

A compreensão que Ana tem atualmente não era tão evidente quando mais jovem: "Eu era uma menina da periferia muito ousada e com 'cabelo ruim', como muitos diziam, porque era crespo". Na família, ela tinha a pele mais escura do que os irmãos, primos e até o avô. "Hoje todo mundo quer ser preto, mas ninguém quer sofrer o que a gente sofre", conclui em tom sério. Ana revela que o processo de tomada de consciência sobre sua negritude é relativamente recente: "Eu brinco que, até 2016, eu nem sabia que era preta". Ela conta que ainda morava em Diadema quando começou a trabalhar em uma construtora na elegante avenida Faria Lima, na capital de São Paulo. "Lá comecei a ver menos pessoas iguais a mim. Acho que a gente vai mudando para poder caber, vai tentando ser parecida com aquilo que vê, que era um mundo muito branco." Esse processo de branqueamento envolveu alisar o cabelo cacheado e a usar maquiagem. "Eu sempre soube que era uma mulher preta, mas isso nunca tinha sido posto à prova. Acho que, inconscientemente, eu estava tentando me inserir naquele meio."

Dois episódios fizeram com que Ana reavaliasse sua posição no mundo. "Em outubro de 2016, viajei sozinha para o Deserto de Atacama. A tradução que faço daquele lugar é que é uma imensidão de nada. Não sei bem explicar, mas é muito bonito." Se o primeiro caso foi de iluminação, um mês depois sobreveio a desilusão. "Eu namorava um rapaz judeu, cuja mãe não morava aqui. Até que chegou o momento em que ele teria de me apresentar a ela, que estava vindo para o Brasil. E o rapaz simplesmente sumiu!" Então Ana se deu conta de que o racismo pode ser velado. "Se eu fosse uma menina branca, mesmo que não judia, não teria sido um problema. Aí entendi que ninguém precisa me xingar ou depreciar o tom da minha pele para dizer que eu não caibo em determinado lugar."

Finalmente, o gatilho para a virada pode parecer prosaico – mas só para quem desconhece a importância do cabelo para a identidade feminina. "Eu fazia relaxamento e falei para a moça que queria tentar deixar o cabelo mais natural. Ela estranhou, porque eu já tinha falado nisso e desistido. Até que fiz a transição capilar e hoje não mexo mais no meu cabelo."

'Ter uma diretora preta não exime a organização da prática de racismo'

Na memória da gestora financeira **Leticia Souza Tavares**[1] estão gravadas "inúmeras" situações em que sentiu de perto a violência do preconceito por sua cor e por morar na periferia. "Lembro que na primeira organização em que trabalhei, a gente fez um evento e depois foi jantar para comemorar. E aí uma das patrocinadoras falou assim: 'ah, aproveita porque nunca mais você vai poder pisar aqui dentro'. Esse é um comentário corriqueiro e sutil, porque os mecanismos de preconceito vão se sofisticando", observa ela.

Leticia sempre se preocupou com o uso que poderia ser feito de sua imagem de mulher preta nascida no extremo sul da cidade de São Paulo. "Teve um lugar em que eu trabalhei, num frila, que fizeram esse uso. Houve uma situação de racismo em outra organização e aí, em uma reunião com terceiros, usaram isso para falar assim: 'ah, mas nós temos uma diretora preta'. Eu disse: 'gente, o fato de ter uma diretora preta não exime a organização da prática de racismo... e eu trabalho com a parte financeira, não trabalho com letramento racial ou com questões raciais." Esse episódio acabou fazendo com que ela se afastasse daquela organização. "Sei que às vezes a gente não sabe o que fazer quando isso acontece, eu mesma já fiquei paralisada antes. Mas, poxa, eu estudei pra burro, tomei ônibus e mais ônibus para isso?"

---

1. Perfil na página 216

“

A gente não pode se apequenar diante do machismo estrutural.

Em certa ocasião, as empresárias **Cynthia Venancio da Silva** e **Manuele Kirie**,[1] sócias do espaço para eventos corporativos Cosy, se viram no dilema de aceitar ou não uma proposta de vender praticamente metade da operação. “Era uma corporação muito grande”, lembra Cynthia. “Quando eu percebi que não seria um bom negócio, nós tivemos a coragem de ir lá e rasgar o contrato na frente do responsável pela área de compras, que ficou muito bravo com a gente. Na volta, eu falei para a Manu: ‘quando vêm esses homens poderosos dando carteirada, a gente tem que negociar olho no olho, com a cabeça erguida. A gente não pode se apequenar, porque a gente é pequenininho, limpinho e honesto’.” E conclui: “Essa é a metáfora, esse é o paralelo que eu faço com as mulheres. Precisamos ter consciência desse poder feminino diante do machismo estrutural”.

Cynthia também tem uma história de discriminação para contar, mas no caso dela com final feliz. “Acho importante a gente falar de preconceito de todas as partes, até do preconceito nosso”, pondera. Na época em que estava para abrir a primeira sede da Cosy, no bairro do Morumbi, em São Paulo, ela foi procurada por um morador da favela de Paraisópolis, que fica na vizinhança. “Ele se apresentou dizendo que era para eu ficar tranquila que ele faria o serviço de *valet* e de segurança.” Cynthia diz que se sentiu incomodada com a

---

1. Perfil na página 39

abordagem de um desconhecido que calçava chinelos e se expressava em um linguajar estranho para ela, mas não viu alternativa. "Eu estava meio perdida e acabei aceitando. Na época, ele se relacionava com pessoas que não eram flor que se cheire e contratava uns meninos meio na informalidade..." De lá para cá já se vão mais de dez anos de colaboração, recorda ela: "Foram tantos episódios de confiança, de crescer a operação junto, de eu ajudá-lo a ser empresário também, de ele abrir sua empresa, de saber contratar os funcionários corretamente..." Para Manuele, a parceria frutificou porque a sócia assumiu a posição de líder em relação ao prestador de serviço, que pôde assim regularizar seu negócio e se tornar um empresário.

'Se me negavam uma oportunidade, eu dava a volta e tentava de forma diferente'

No Brasil, as pessoas transgênero podem alterar o prenome e o sexo no registro civil, bastando que manifestem essa vontade. A gestora de recursos humanos **Luuk Luana**,[1] analista de desenvolvimento humano e organizacional na Elo Cartões, evoca uma época em que as coisas não eram tão simples. "Hoje a gente avançou muito, mas lá em 2012 era diferente. Como os incas e os maias faziam, a gente ia para uma entrevista de emprego presencial – não tinha Teams naquela época... Então, eu levantava e falava meu 'nome morto', que é algo que a gente não fala mais depois da transição [de gênero]." Ela diz que passou por esse constrangimento em diversas seleções, até que finalmente conseguiu avançar em determinado processo. "Então o líder da vaga me falou assim: 'olha, a gente vai te aprovar porque você tem uma experiência incrível e tal... Só que aqui não tem esse lance de apelidinho, aqui você vai falar no masculino com o nosso cliente. Tudo bem para você?'". Luuk conta que naquele momento não teve reação, mas nunca mais voltou à empresa. "Eles até

1. Perfil na página 101

aceitavam quem fosse *gay*, mas uma pessoa que queria ser mulher e ser chamada por outro nome era muito para eles."

Ela explica que a exclusão nem sempre é explícita. "Em vez de recusar dizendo 'você não fala bem' ou 'falta a competência que a gente precisa', eles simplesmente não retornavam, porque não sabiam como lidar." Quando atuava na área de *back-office* em um serviço de telemarketing, a mesa de trabalho de Luuk ficava distante dos colegas do setor, escondida atrás de uma coluna. Ela conta que no início até se adaptou à situação, mas logo estava circulando pelos corredores com o pretexto de tirar uma dúvida. "Mas era para que as pessoas me vissem. Eu levantava a mão nas reuniões para me fazer presente. Se me negavam uma oportunidade, eu dava a volta e tentava em outro lugar de forma diferente." Com resiliência e confiança, ela conseguiu contrariar as expectativas e mostrar sua capacidade de trabalho. "Se era para falar 'alô, boa tarde', o cliente iria ter o melhor 'alô, boa tarde' da vida dele. Era para dar treinamento? Eu dava o melhor treinamento possível. Era para vender internet? Eu vendia internet até para quem não tinha computador!"

> **"Cota para mim é remédio, um paliativo para induzir a mudança com velocidade.**

A executiva do mercado financeiro Andrea Menezes[1] reconhece que já foi contra o sistema de cotas para ampliação de oportunidades para mulheres. "Até os 50 anos, eu não entendia por que as mulheres não conseguiam [crescer na carreira]." Ela conta que demorou para entender a situação porque teve a sorte de ter nascido em uma família de mulheres determinadas. "Para o meu pai, a mulher é a pessoa forte. Ele foi criado pela minha avó porque meu avô abandonou a casa e nunca deu dinheiro nem nada. A minha mãe também tem uma personalidade extremamente forte e sempre resolvia tudo. Então, na minha casa, eu nunca ouvi dizer que não podia fazer alguma coisa porque 'não era coisa de mulher'." Andrea ainda pensava da mesma forma no fim dos anos 90, quando se mudou com a família para trabalhar em um banco de investimentos nos Estados Unidos. "O *trading floor* era tipo um estádio de futebol, com milhões de mesas e só três mulheres. O incrível é que o banco já tinha um ambiente para discutir diversidade de gênero no trabalho." Como latina e *trader*, ela se irritava por ser constantemente convocada para dar palestras sobre sua condição de mulher entre tantos homens na mesa de operação. "Eu queria mais era trabalhar para ganhar bônus. Meu discurso era horrível!", admite.

A chave virou quando Andrea já trabalhava em outro banco, este originário da África do Sul. Com o fim do *apartheid*, aquele país avançou na formação de profissionais negros por meio da adoção do sistema de cotas na educação. "Esse banco me deu uma chacoalhada quando eu já estava com 50 de idade. Eu tinha chegado a uma posição executiva e comecei a atuar com o RH para engajar mais mulheres para a liderança." A imersão na sociedade sul-africana foi complementada pela amizade que havia feito no Brasil com um profissional afrodescendente. "Ele era de uma família norte-americana bem simples que morava na periferia. A sorte é que a mãe se casou com um asiático rico, que lhe deu educação, e aí ele foi para

1. Perfil na página 41

uma área que 'bomba', fusões e aquisições, em que só tem filho de rico. Ele foi transferido para aumentar a cota, porque no banco de investimento dele só havia pretos como recepcionista ou office boy. Quem fazia negócios, os analistas, eram todos brancos com cara de holandês." O amigo, que no Brasil namorava uma mulher branca, estava casado com uma sul-africana preta, com quem já tinha filhos. "Ele entendeu qual era a raça dele e tinha até casado com ela! Seu sonho era treinar as pessoas em matemática financeira", comenta.

Entre as iniciativas criadas para aumentar a presença de mulheres no banco sul-africano, ela menciona um serviço de acompanhamento e assistência a colaboradoras durante o período de gravidez e após a licença-maternidade. "A gente perdia muitas mulheres na volta ao trabalho. Teve o caso de uma mãe que queria sair porque o filho voltava da creche com o nariz sujo. Ou seja, o problema era a falta de assepsia." Outro programa foi a mentoria de jovens talentos. "Eu mentorava duas meninas de Gana e uma da África do Sul, o que foi ótimo porque a diferença de cultura traz outra perspectiva." Quando alcançou a cadeira de CEO, Andrea resolveu instalar uma política de cotas. "Cota para mim é remédio. Então existe um letramento, uma educação. Se a pessoa é contra a cota, eu falo: 'não tem problema ser contra a cota, mas me diz qual é o outro paliativo que a gente tem para induzir a mudança com velocidade?'" Atuando desde 2013 como membro da Woman Corporate Directors (WCD), ela está engajada na batalha para ampliar as cadeiras ocupadas por mulheres nos postos de conselho. "Começamos com 6% de mulheres nas empresas listadas, e em seis anos estamos com 13% ou 14%." Outra iniciativa citada por ela partiu da Comissão de Valores Mobiliários (CVM), que determinou que as companhias com ações na bolsa de valores devem eleger ao menos uma mulher e um integrante de comunidade sub-representada (pessoas pretas, pardas ou indígenas, integrantes da comunidade LGBTQIAP+ ou pessoas com deficiência) para seu conselho de administração ou diretoria estatutária após 2025.

'Muitas pessoas negras estão adoecendo por causa do racismo estrutural'

O racismo estrutural que vigora na sociedade brasileira está fazendo com que muitas pessoas negras entrem em processo de adoecimento, afirma a gestora de recursos humanos Priscila Paula.[1] "É um jeito muito velado. É muito difícil identificar o que é racismo e o que não é. Eu sofri racismo em praticamente todas as empresas pelas quais passei. Só que é o racismo estrutural, de que ninguém fala, que ninguém ouve, mas quando você tem a consciência e o letramento racial que eu tenho hoje, você percebe." O resultado é que muitas pessoas que sofrem esse preconceito estão adoecendo. "Estou vendo as pessoas negras ficarem doentes, se afastarem do trabalho, terem *burnout*, crise de ansiedade ou um colapso", informa ela.

Priscila relata como enfrentou o preconceito. "Olhando para todas as interseções, não só por ser uma mulher negra, e juntando o machismo e o racismo, eu precisava ter uma linha de raciocínio e responder à altura para aqueles caras. É como fala o Djavan: 'se você é uma pessoa preta, você tem que provar duas vezes que você sabe fazer aquilo'." Em certa fase da carreira como profissional de RH, quando tinha de entrevistar engenheiros, foi várias vezes confundida com a recepcionista do setor. "Eles perguntavam para mim: 'cadê a consultora?', e eu precisava repetir que era eu!" Ela conta que teve de conquistar seu espaço buscando o próprio empoderamento. "Quando ia entrevistar um engenheiro, eu estudava antes. Olhava o currículo dele e pesquisava os projetos que tinha feito, porque na hora eu tinha que ter essa segurança sobre o que perguntar." Priscila replica esse cuidado com a comunicação até hoje. "Toda vez que eu vou entrar em qualquer lugar, eu sempre estudo muito antes, eu leio... E sempre penso: 'se eu não souber do que estou falando, nunca vou conseguir chegar onde quero chegar'."

---

1. Perfil na página 162

“

Toda vez que eu vou entrar em qualquer lugar, eu sempre estudo muito antes, eu leio... E sempre penso: ‘se eu não souber do que estou falando, nunca vou conseguir chegar onde quero chegar’. - Priscila Paula

”

PERFIL

Luuk Luana

Flexibilidade para fazer um call na calçada

Luuk Luana se define como "uma mulher trans, travesti" de cor parda. Ela costuma dizer que vive e resiste na zona sul de São Paulo: "Isso porque é um desafio hoje morar na periferia tendo um corpo trans. Não só na periferia, mas no Brasil todo, na verdade", acrescenta. Atuando como gestora de Gente e Gestão na empresa de cartões Elo, ela conta que sua entrada na vida profissional foi motivada pelo desejo de dar orgulho à mãe e ao pai. "Eu sou filha da Francisca, que é uma mulher parda, diarista, analfabeta, que nasceu no interior do Piauí, e do José Mário, que é um homem negro, baiano, pedreiro. Eles sempre foram as minhas inspirações." Além deles, Luuk teve como modelo a irmã, Maria Aparecida, já falecida. "Eu lembro que era a única dos meus quatro irmãos que tinha um emprego CLT, com carteira assinada. Eu via quando ela saía para trabalhar de roupinha social, então me inspirei nela para buscar outras possibilidades do que aquelas que me eram dadas pela sociedade."

Foi com esse espírito que aos 18 anos passou por uma série de entrevistas de emprego em escritórios, lojas de shopping e lanchonetes de *fast-food* até ser contratada pela empresa de *call center* Atento. "Comecei como operadora de telemarketing no único lugar que me abriu a porta sem olhar para as minhas características físicas, os meus trejeitos, a minha voz, nem para a minha forma de me mostrar ao mundo. Sei que muitas pessoas entraram no mundo do trabalho pelo telemarketing, mas não gostam de falar nisso. Eu, ao contrário, tenho muito orgulho, porque foi o ambiente que me moldou pra eu ser a pessoa que sou hoje. Foi lá que eu aprendi esse meu dom da comunicação, que eu aprendi a ser uma pessoa mais resiliente, a lidar melhor com frustrações."

Foi uma época de aprendizado, mas também de muito estresse, recorda Luuk. "Aí eu vi que não queria ficar falando 'alô, boa tarde' pra sempre na vida e prestei vários processos seletivos lá dentro." Do ativo de vendas, foi promovida para o receptivo e passou pela área de suporte até chegar ao *back-office*. "Aí a história já muda um pouquinho porque eu passei a ter escala de segunda a sexta. Eu falei: 'meu Deus, eu vou folgar no final de semana, que incrível!'" A mudança de área veio acompanhada de outros incentivos para sua carreira. "Eu acho que esta foi a virada de chave: eu ter me matriculado na faculdade para cursar gestão de recursos humanos, ter estudado um pouquinho e ter uma líder presente, a Rosana Oliveira, me ajudando com tudo isso. E aí fui pra área de treinamento, ainda dentro do *call center* na Atento, e fiquei lá dois anos até que recebi o convite de vir para a Elo."

Luuk se diverte ao lembrar que essa situação foi diferente das promoções anteriores. "Eu não me inscrevi em nenhum processo pra entrar. A minha líder na época, a Pricila, falou que queria uma pessoa trans para o time dela e o Vinícius, que era o recrutador na época, encontrou o meu perfil. Foi a primeira vaga afirmativa mas não declarada da Elo." Ocorre que o fato de ter sido procurada não deixou as coisas mais fáceis. Depois de passar por todas as fases do recrutamento, o último obstáculo, em pleno período da pandemia, era uma entrevista em formato remoto. "Aquele dia eu não consegui chegar em casa na hora marcada. Aí, eu sentei na calçada e, de máscara, fiz a entrevista ali mesmo. Depois me disseram que aquilo mostrou como eu era flexível para situações atípicas."

Mesmo tendo vivido tantas aventuras antes de completar 30 anos, Luuk acha que as mudanças demoraram muito para acontecer em sua carreira. "Você olha para um outro perfil de profissional, e essa pessoa já está de repente com MBA, já está numa outra cadeira, já passou por outras experiências, teve uma trajetória diferente. Eu vivi tudo isso e tenho muita pressa de conquistar as coisas." Hoje ela mora com o noivo, Paulo, e com o chihuahua branco Egon. Gosta de cinema e música, especialmente das divas pop, e se mantém inteirada sobre as últimas tendências de moda e maquiagem. Essa "mãe de pet apaixonada pela vida", como também se descreve, desempenha as funções de analista de treinamento e desenvolvimento e de líder de diversidade e inclusão, envolvendo-se ainda com ações de cultura, engajamento e eventos corporativos. E, acima de tudo, como resume sua página no LinkedIn, é "mulher trans, ressignificando as estruturas".

PERFIL
Isabele Quirino

Os três marcos na carreira de uma especialista em diversidade e inclusão

Para contar sua história profissional, Isabele Quirino recorre à própria página no LinkedIn. "Às vezes até esqueço tudo o que eu já fiz nesta minha vida", diz essa pós-graduanda em relações étnico-raciais na USP, especialista em psicologia organizacional e do trabalho e tecnóloga em gestão de recursos humanos. "Para lembrar de outras coisas, a gente tem que abrir espaço, esvaziar..." E foram tantos aprendizados e realizações que ela organiza sua trajetória com marcações no tempo e no espaço. "O primeiro é um marco territorial. Eu sou carioca. Comecei a minha faculdade de recursos humanos e a minha carreira no Rio de Janeiro, em 2009. Trabalhei com recrutamento e seleção e com a tradicional folha de pagamentos." Como conhecia e gostava de São Paulo, onde tinha vínculos familiares, ela se mudou em 2011, depois de concluir a formação. "Então eu saio do mercado do Rio de Janeiro e venho para uma cidade que oferece por dia mais oportunidades que o Rio oferece no acumulado de um mês. Quando a gente fala quantitativamente de vagas, São Paulo é uma dimensão muito diferente." Na capital paulista, Isabele passou por empresas de diversos segmentos, como a Lenovo, de tecnologia, e a Comexport, de comércio exterior.

O segundo marco de sua carreira corresponde à entrada no grupo Gafisa, do setor imobiliário. "Lá eu tive a oportunidade de ocupar muitos papéis e de assumir várias frentes de trabalho. Foi um terreno fértil em termos de desenvolvimento: fui *business partner*, consultora interna e aquela pessoa que cuida de 'a' até 'z' das temáticas de RH para os mais variados clientes internos, cuidando de incorporação, construção, áreas de suporte e de negócio." Entre as oportunidades que teve, ela destaca a migração para treinamento e desenvolvimento. "Sempre carreguei comigo a característica de estar perto do meu cliente. Então eu tinha esse terreno fértil para conhecer de onde vinham as necessidades de RH e fui para a ponta mesmo. Entrava na obra, botava EPI, capacete, passava o dia em escritório de vendas para ver como era... A ideia era aproximar a relação, porque eles ficavam muito distantes do RH." Responsável pela implementação de processos de mudança, o que sempre gera reações, Isabele mesmo assim era bem recebida por estar sempre próxima das atividades-fim. "A nossa área é relacionamento. É preciso que as pessoas confiem na gente, que percebam que estamos do lado delas – mesmo que seja para dizer um não."

Até que a construção civil entrou em crise, entre 2007 e 2008, e Isabele migrou para a empresa alemã Linde Gases, atual Messes Gases. "Era um desafio diferente para mim. Eu fui para montar uma área, internalizando a parte de recrutamento e seleção, que era de um fornecedor externo." A tarefa veio acompanhada de certa inquietação sobre o propósito de seu trabalho. "Recrutamento e seleção é superlegal porque você está trazendo alguém, está lidando com boas notícias. O emprego é sempre um momento importante para as pessoas; junto com o emprego vêm mil e uma possibilidades. Mas eu estava sentindo falta desse olhar mais generalista, da navegação com mais áreas, da interação mais densa entre as estruturas." A salvação do impasse veio quando Isabele foi contratada pelo Mercado Livre para atuar com desenvolvimento, inclusão e diversidade, o terceiro grande marco em seu percurso profissional. "Mais do que só um trabalho, foi uma renovação de votos inclusive com a área de Recursos Humanos. Depois de um tempo, inclusão foi crescendo tanto que eu passei a só olhar inclusão." Ela recorda que entrou sem falar uma palavra em espanhol e saiu da empresa proficiente na língua, tendo conduzido projetos tanto no Brasil como em países da América Latina. "O Mercado Livre foi um divisor de águas para mim inclusive na esfera pessoal", diz ela, que atua como consultora de diversidade e inclusão na Volkswagen Financial Services.

Conversa com a Senses

Os exemplos de mulheres que enfrentaram todo tipo de dificuldade são discutidos pelas consultoras da Senses Érica Takano e Elis Pena, com mediação de Raquel Borges.

Raquel: O que mais chamou a atenção de vocês nessas histórias de vida?

Érica: Achei as histórias bem interessantes e com bons exemplos. Para mim, a mais impactante foi a da Luuk. Até porque ainda é uma novidade para a gente ver esse crescimento pessoal das pessoas trans, de conseguirem se destacar e serem reconhecidas.

Elis: Me chamou a atenção a história da Andrea, quando ela diz que foi contra as cotas durante um tempo. E neste capítulo aparece o quanto teve de violência na história da Luuk, essa pessoa superforte, que precisou desenvolver uma força muito grande para conseguir se manter na posição de liderança. Então, vem uma sensação de admiração forte por essa força. Ao mesmo tempo, quando li, pensei que infelizmente nada disso é estranho para mim, porque já ouvi diversas vezes com vários rostinhos diferentes.

Raquel: Fiquei admirada da força e coragem de saber se safar de situações que eram ofensivas e até perigosas. Por exemplo, quando a Helidea participou de uma reunião de negócio com a alta liderança do hospital que saiu do foco, situação que ela chama de "conversa de sauna", e avisou que ela ia sair porque não fazia mais sentido estar ali. Quando a Camila Vaz sofreu violência física do ex-marido e falou: "vamos nos separar, eu não quero ficar mais perto de você". Quando a Luuk conta que a baia dela no trabalho era escondida atrás de um pilar, e que mesmo assim ela se mostrava em toda oportunidade que tinha, levantando a mão e pedindo para falar.

Érica: Nesses casos, elas souberam se impor, se mostrar, mas sem o enfrentamento direto, que poderia ser interpretado como mimimi. Quem trabalhou em empresa sabe que até há alguns anos era comum os homens contarem piadinhas machistas, não esperavam nem a mulher sair da sala.

Elis: Em algumas situações, se posicionar demanda muito mais do que só coragem. Fiquei emocionada de ler essas histórias de pessoas que, apesar do medo, se posicionaram e conseguiram ficar bem, mas nós sabemos a quantidade de pessoas que se posicionaram e foram mais agredidas, sofreram mais violências ainda.

Érica: E aí você pensa na quantidade de mulheres que se calaram. O quanto tem de gente que ainda fala: "não vou comprar essa briga porque eu só vou me estressar e isso não vai dar resultado.

Elis: E isso não significa covardia. Muitas vezes é uma estratégia de sobrevivência.

Raquel: Pensando do que vemos no dia a dia com nossos clientes da Senses, vocês teriam algum conselho para dar para outras mulheres que estão vivendo situações semelhantes?

Érica: A primeira coisa é se inspirar nessas mulheres que deram o primeiro passo, para a gente se inspirar acima de tudo. Por exemplo, trabalhei em um banco que estava num crescente de liberdade para as pessoas se assumirem. De repente esse banco foi vendido e o ambiente regrediu infinitamente, os funcionários voltaram a ficar dentro das suas caixinhas, a manter um comportamento padrão, e os poucos que fugiam disso viravam motivo de chacota e piadinhas. Então, quando você não tem exemplos de pessoas que te fortalecem, cada vez mais vai tentar se enquadrar no padrão de sobrevivência: "vou ficar o mais invisível possível para continuar levando o trabalho".

Raquel: Não se deve subestimar a importância de focar na sobrevivência, mas é importante ter pessoas aliadas que podem dar força. E podem ser pessoas que vivem ao seu lado, ou até exemplos, como os deste livro.

Elis: Estou lendo agora o livro "Trinta Segundos sem Pensar no Medo", do Pedro Pacífico, o Bookster, em que ele conta sobre a autodescoberta da homossexualidade. Ele conta no livro o quanto a literatura o ajudou nesse caminho de encontrar um lugar de aconchego, de afago, mas também de exemplo e identificação. O que vocês estão falando tem a ver com isso: buscar essas referências, não importa onde. Às vezes você está inserida num universo sem referência próxima, mas se você tem acesso à internet, também tem acesso a essas mulheres em outros lugares. Você pode buscar um livro para ler a respeito, pode ver filme... É se sensibilizar para a temática olhando em volta e formar uma rede, para também começar a estimular a curiosidade e plantar a sementinha em outras pessoas que estão em volta.

Raquel: Vale falar onde podemos procurar ajuda. Existem canais internos nas empresas, e canais públicos de denúncia de violência.

Elis: Tem o 180, para denunciar violência contra a mulher.

Érica: O 180 vale mais para a violência física. Acho importante fortalecermos a parte interna, dentro das empresas, como a ouvidoria e o setor de reclamações. As empresas grandes já estão muito maduras para lidar com isso, mas infelizmente há muitas empresas que ainda não têm maturidade para tratar dos casos mais críticos. Eu acompanho muito pelos relatórios de sustentabilidade como são tratados os casos, quantos são resolvidos, mas tem muita coisa que ainda é maquiada, que é só para constar. É preciso que a gente crie dentro do nosso ambiente de trabalho um núcleo seguro com quem se pode conversar, se fortalecer e se ajudar.

Elis: Já aconteceu de a gente ter contato com uma empresa que estava trabalhando algumas temáticas sensíveis, mas quando a gente escalava, o *C-level* não estava sabendo e isso acabava se perdendo. Uma dica é: busque saber qual é o caminho que existe dentro da sua empresa, e saber quais são os limites, até para se possível quebrar esses limites. Mas se não for possível quebrar esses limites, saiba como você vai se organizar. Não adianta a gente se jogar sozinha no enfrentamento individual se a organização não oferecer algum suporte.

Érica: Como este capítulo fala de diversidade e inclusão, é bom reforçar que a gente tem visto que algumas empresas já contam com grupos de diversidade e inclusão. E não é só o RH, são comitês multidisciplinares, com pessoas de várias áreas e níveis de cargo que se reúnem para discutir o tema. Então, vale tentar descobrir se existe algo desse tipo e, se não tiver, se mobilizar para criar uma rede de apoio dentro da empresa. A primeira vez que eu vi alguma coisa assim foi em um projeto por volta de 2006, 2008, com estagiários que vinham da Faculdade Zumbi dos Palmares. Como eles eram negros, foi um choque. As pessoas falavam: "ah precisa disso?" Lembro que uma das meninas, que era a primeira da família a fazer curso superior, tinha muito receio, com certeza já tinha passado por muita coisa na vida. Só que ela abraçou todos os apoios do programa, como bolsa de inglês, e se destacou rápido. Foi legal ver essa evolução que ela não teria se não fosse essa iniciativa da empresa de ter esse grupo, que se reunia para contar as experiências que estavam tendo em áreas diferentes. Diferente do começo das cotas, quando vinha uma pessoa isolada só para cumprir a cota. Quando é um grupo, ele se fortalece pela troca de experiências.

Elis: Ouvindo esse exemplo, lembrei do Erving Goffman, um antropólogo e sociólogo que escreveu o livro "Estigma", sobre as pessoas que têm uma diferença com relação aos espaços em que estão inseridas e tentam compensar esse estigma. Até lembrando de mim. Eu fui uma pessoa periférica numa faculdade elitizada e ouvi durante seis anos de graduação que eu era uma guerreira, era forte, que eles me admiravam muito... Virou um apelido, a "Elis corajosa". E quando eu fui estudar o Goffman para escrever o TCC, descobri que na verdade isso não é força nem coragem, é desigualdade social. Então, na história dessa profissional que trabalhava no meio desses homens que faziam a conversa da sauna, o que estava acontecendo ali era uma questão de gênero. Até para a mulher entender o que está acontecendo e não cair no conto do vigário do "somos todos iguais". Senão, cai na autoexigência e na individualidade, na ideia de que se a pessoa se esforçar bastante, vai resolver o problema da estrutura. Outra dica é: cuide da sua saúde mental. No capítulo se fala de adoecimento a partir de situações de preconceito, assédio, machismo, racismo, homofobia, transfobia... Quem não quer fazer terapia ou não tem acesso pode buscar seu cuidado de outras formas. Vai fazer exercício físico, pense na alimentação, beba água, tenha tempo de lazer, conte com pessoas ao seu redor que sejam acolhedoras. Pode ser na expressão religiosa, espiritual ou na expressão de cultura. Viver é complicado, e a gente precisa se cuidar até para lidar com essas diferenças que existem.

Raquel: Tem uma coisa dentro desse contexto que é seguir aprendendo e, dentro de um nível que seja confortável, compartilhar conhecimento quando e onde achar que faz sentido. Na semana passada, eu aprendi o termo "femismo" que é o contrário de machismo.

Elis: É o grande terror dos homens. Dizer que a gente espera uma igualdade, um equilíbrio, já é uma violência para certos homens. Então, eles vão enxergar como *femismo* mesmo, que é a ideia de eliminar o homem, ou diminuí-lo, colocando-o num lugar inferiorizado. Porque o lugar de poder e privilégio é muito gostoso de ocupar de fato. Deve ser muito assustador para eles correr o risco de perder esse lugar, porque se eles perderem, o que sobra para esses homens? Como psicóloga clínica, vejo em consultório muitos homens se questionando: "ok, eu entendo o meu lugar de privilégio, sei que isso está enraizado na minha história, na minha cultura, mas eu estou buscando fazer ações práticas no dia a dia, repensando minha posição, meu lugar, minhas falas, minhas atitudes e até meus desejos. Só que até agora só se falou que é preciso tirar o homem do poder. E para onde eu vou se sair do meu lugar de poder?". Ou seja, existe o sofrimento, mas ainda não se construiu esse lugar de um masculino que seja saudável. Não estou dizendo que é para aceitar ou passar a mão na cabeça, mas dá para entender o pavor de perder esse lugar. Ao mesmo tempo, existe uma diferença. Não estamos falando de tirar esses homens, estamos falando de só equilibrar mesmo, só poder ter igualdade de salário, poder falar numa reunião e não ouvir piada, não correr o risco de morrer. Nós queremos permanecer vivas e ocupar outros lugares. A Raquel falou de aprender para ensinar. Uma coisa que eu aprendi com o querido Ademir Lopes Júnior, que é médico de família em comunidade e professor de saúde LGBTQIAP+, é a teoria do pistache. Quando pegamos um saquinho de pistache, não começamos a comer pelas sementes que estão com a casquinha fechada, mas pelas que já estão com a casquinha aberta. Então, vamos aplicar a teoria do pistache: é melhor começar a falar para as pessoas que têm maior abertura para o tema. Quem é mulher vai discutir primeiro num grupo de mulheres. Quem é LGBTQIAP+ vai nos seus universos falar para pessoas que estejam interessadas em ouvir essa população. Primeiro como treino para experimentar, desenvolver habilidade, saber falar, saber se posicionar, ficar mais fluida, parar de gaguejar...

Raquel: Foi o que Priscila falou, de estudar e se preparar antes de fazer uma entrevista.

Elis: Sim. Eu costumo complementar a teoria do Ademir dizendo: "pega o seu estilo e vai". Eu, por exemplo, sou uma pessoa de papo, de acolhimento. Conheço pessoas que são artistas brilhantes e que passam seu posicionamento adiante a partir da arte. Tem gente que vai pelo exemplo, ou pela força, ou pela firmeza. Então, pega o seu jeito. Eu fiquei muito tempo trabalhando numa empresa muito pequena que não tinha nenhum tipo de discussão sobre diversidade. E comecei a fazer um movimento que era me fazer de desentendida. Alguém fazia algum comentário homofóbico e eu respondia: "não entendi, me explica", e a pessoa ficava constrangida.

Érica: Teve uma pessoa que falou no depoimento que se reconheceu como negra e o quanto isso virou a chave para ela. Às vezes é isso, você parar e entender primeiro a sua origem, o quanto você é diferente da maioria e valorizar, e mostrar que isso não é um limitador para seu desenvolvimento, para o seu reconhecimento profissional, para a sua capacidade. Eu falo da minha sobrinha, que ficou tetraplégica com 11 anos de idade, e as pessoas tendem a vitimizar: "ai, coitadinha, que pena". E ela fala: "não, eu trabalho, eu faço as coisas como qualquer outro". Ela passou a se entender como PCD e entender as potencialidades dela para lutar pelos direitos de quem tem deficiência física. Agora ela está concluindo o primeiro mandato como vereadora em Penápolis, cotada para se reeleger. Quando saímos as duas, percebo que hoje as pessoas conversam com ela como a Letícia vereadora. Antes de ter essa exposição, há quatro anos, ela era tratada até de uma forma infantilizada, porque viam primeiro a deficiência. Como ela se impôs de outro jeito, as pessoas não estão vendo mais a cadeirante, mas a mulher que faz as coisas, que muda, que movimenta. E o primeiro passo foi exatamente ela entender a posição dela e como poderia atuar para fazer a diferença.

Elis: A história da sua sobrinha mostra quanto só se valida o que se percebe. Eu ando absolutamente impressionada com a Tamara Klink, uma navegadora brasileira que não tem 30 anos de idade. Ela acabou de sair da invernagem no Ártico, de tirar o barquinho dela do lugar onde ela ficou sozinha pelos últimos oito meses. Isso é assustador e admirável. Eu sabia que isso era possível para um homem porque já tinha lido a respeito, mas não sabia que era possível para uma mulher até ouvir a história dela. A sobrinha da Érica ensina para outras pessoas cadeirantes que é possível ocupar esse lugar de destaque. É sofrido para quem está ali quebrando pedra, abrindo a vereda, mas eventualmente essas pessoas receberam um chamado interno, é uma coisa mais forte do que elas. Então, que bom que exista a sua sobrinha, que bom que exista a Tamara, que bom que existam as pessoas deste livro, deste capítulo. Que bom que a Helidea pôde ocupar uma posição *C-level* junto com os outros caras, que bom que a Luuk saiu de trás da coluna, que bom que a Isabele se entendeu como mulher negra, que bom que a Camila Vaz pôde sair de um relacionamento violento, que bom que a Fernanda conte que é uma mulher periférica, lésbica, candomblecista..." Que bom que todas essas pessoas possam trazer suas histórias, porque é importante para elas e é importante para todas nós ouvir essas histórias e pensar que é possível ocupar esse lugar.

4

Maternidade

O dilema carreira versus maternidade é daqueles temas centrais na vida das mulheres. Devo ter filhos agora ou é melhor esperar outro momento da vida profissional? Quando for mãe, como isso vai afetar meu trabalho fora de casa? Vou ser capaz de cuidar dos filhos sem perder o foco na empresa? Serei despedida quando voltar da licença? As dúvidas têm sentido. Afinal, quase metade das mulheres sai do mercado de trabalho formal em menos de quatro anos depois da licença-maternidade, sendo que a maior parte dos desligamentos ocorre por iniciativa do empregador.[1] Estudar a presença de mulheres no mercado de trabalho é um tema tão importante que rendeu o Prêmio Nobel de Economia de 2003 à professora de Harvard Claudia Goldin, que descobriu que a diferença de salário entre homens e mulheres se deveu, ao longo da história, principalmente a diferenças na educação. Modernamente, o motivo passou a ser o nascimento do primeiro filho e as interrupções na carreira por causa da maternidade.[2]

---

1. "The Labor Market Consequences of Maternity Leave Policies: Evidence from Brazil", de Cecilia Machado e V. Pinho Neto – disponível em inglês: https://portal.fgv.br/sites/portal.fgv.br/files/the_labor_market_consequences_of_maternity_leave_policies_evidence_from_brazil.pdf
2. Cf. Joanna Moura, na Folha de S.Paulo de 13/10/23 (página B4).

A primeira medida de proteção à mulher gestante no Brasil surgiu em 1943, com a edição da Consolidação das Leis do Trabalho (CLT). A licença-maternidade de 84 dias era paga pelo empregador, o que acabou prejudicando a contratação de mulheres na época. A Previdência Social só passou a arcar com essa despesa em 1973, mas mesmo assim muitas trabalhadoras ainda eram dispensadas porque não existia garantia de emprego no retorno ao trabalho. A situação mudou a partir de 1988, quando a nova Constituição ampliou o período de licença para 120 dias e garantiu a estabilidade para as gestantes. Algumas categorias, como a dos servidores públicos federais e funcionários de alguns estados e municípios, gozam de licença de 180 dias. Esse mesmo período pode ser oferecido pelas empresas que assim optarem, em troca de benefícios fiscais. Atualmente, tramita no Congresso projeto de lei estendendo esse período no caso de nascimento de bebê prematuro.

Garantidos os benefícios, o debate toma agora outros rumos. Alguns setores argumentam que a licença-maternidade reforça o estereótipo do modelo de família que reserva à mulher o papel de cuidadora em contraponto ao do pai, que se mantém como provedor.[1] A extensão da licença-paternidade, benefício existente em 115 países e remunerado em 102, é parte dessa discussão. No Brasil, apesar de garantido pela CLT, o direito do pai a um período de licença entre cinco e 20 dias ainda está em fase de regulamentação.[2]

---

1. "Licença maternidade: um paradoxo normativo", de Flávia Calmon Rangel Teixeira, publicado em 6/7/2017: https://ibdfam.org.br/artigos/1226/Licen%C3%A7a+maternidade:++um+paradoxo+normativo
2. "Supremo retoma nesta quarta julgamento sobre licença-paternidade", Agência Brasil: https://agenciabrasil.ebc.com.br/justica/noticia/2023-12/supremo-retoma-nesta-quarta-julgamento-sobre-licenca-paternidade

‘Mãe, quando você vai voltar a trabalhar?’

A engenheira agrônoma **Marta Mika Kokubo**[1] revela que se sentiu dividida quando teve o primeiro filho, em 2003, e mais ainda dois anos depois, quando nasceu sua filha. “Minha carreira estava indo de vento em popa naquela época, tanto que a empresa onde eu trabalhava me presenteou com uma viagem internacional. Eu pensei: ‘como é que posso deixar meu filho de 6 meses e ir para a Flórida e Washington?’ Ela lembra que sofreu com o conflito, mas acabou decidindo manter a viagem e se dedicar à carreira. “É como dizem: ‘a gente só dá aquilo que tem’. Então, o que eu tinha para dar era uma maternidade parcial, com qualidade de tempo no tempo que eu poderia ficar com meus filhos. Não quero dizer que hoje eu escolheria a mesma coisa, mas naquela época eu fiz essa opção e continuei trabalhando.”

Em 2015, Marta atingiu outra encruzilhada ao perceber que estava desmotivada no emprego. O que a segurava era mais o sentimento de gratidão pelo apoio que havia recebido da empresa durante a criação dos filhos. “Eles foram crescendo, até que tive um estalo: decidi largar essa empresa depois de 19 anos e ser mãe integralmente. Dispensei a pessoa que me ajudava, dispensei a van que levava para a escola e assumi tudo. Virei motorista, cozinheira, arrumadeira... No dia que eles voltavam da escola de ônibus, eu sabia exatamente quando estavam chegando em casa, para deixar o prato quentinho na mesa. Era sentar e comer.” Ela conta que no início dessa fase, tudo era novidade. “Foi muito bom! Eu fazia tudo no estalo e me achava o máximo! Imagine, para quem nunca tinha feito uma bela faxina no banheiro, o que eu não era capaz com a minha criatividade!”

A relação dela com a família seguiu transformada durante seis meses, até que Marta passou a sentir falta da vida corporativa: “No trabalho, pelo menos no meu trabalho comercial, os dias não são

---

1. Perfil na página 214

muito iguais. Tem muito serviço de bombeiro, todo dia aparece uma questão nova para você resolver. Não existe uma rotina como na casa." Em paralelo, os filhos também deram mostras de que a situação não se sustentaria. "Quando você redireciona toda a sua energia do trabalho para dentro da casa, os filhos não te aguentam!" Ela se diverte ao confessar que se tornou uma mãe "insuportável". Até que o filho mais velho, já no início da adolescência, foi direto ao ponto, lembra Marta. "Ele falou: 'mãe, quando você vai voltar a trabalhar? Você precisa voltar porque fica muito em cima da gente!'". Com seu jeito otimista de ver as coisas, ela tira uma lição positiva do episódio: "Foi o único período, desde que saí da faculdade, que fiquei sem emprego. Isso me mostrou que não foi uma escolha tão ruim eu ter dedicado toda à minha energia à vida profissional. Talvez hoje meus filhos não fossem tão bons."

Marta acredita que, mesmo com a evolução dos costumes, o conflito entre ser mãe e trabalhar fora sempre vai existir. "Isso não mudou muito de uma geração para outra, porque a maternidade é algo muito forte para a mulher. Eu vejo as meninas novas que têm filho: é um filho e uma culpa. Então você trabalha, mas sua cabeça fica parcialmente em casa ou na escola com o filho. Elas são feministas, mas ainda carregam essa culpa da maternidade." Com base em sua dupla experiência de mãe e gestora, Marta procura amenizar a situação para garantir que as mulheres de sua equipe consigam focar no trabalho e manter o rendimento. "A gente se molda dentro das agendas e se articula dentro da equipe para poder atender à demanda de quem é mãe. Mas eu acho que para qualquer mulher, em qualquer cargo, esse conflito é difícil."

'Meu Deus, fiz a mesma bobagem de novo!'

Se é consenso que a questão da maternidade afeta o conjunto das mulheres com carreira corporativa, não é menos verdadeiro que a decisão é sempre individual. "Uma vez, fui almoçar com um grupo de estagiárias e uma delas me perguntou se eu faria alguma coisa diferente na minha carreira," conta a diretora de RH Paula Giannetti.[1] "Respondi: sim, eu teria tido filhos antes. Eu esperei até os 30, porque tinha na cabeça o modelo de que isso atrapalha sua vida, sua carreira e todos os seus sonhos. Hoje vejo muitas mulheres postergando a data, e daí chegam no limite e ficam frustradas porque perderam o *timing*." Não que seja fácil, admite Paula, mãe de uma garota e um garoto já adolescentes. "Desde que eles eram pequenininhos até o começo da adolescência, meu marido trabalhava fora de São Paulo e eu ficava a semana inteira sozinha com eles. A babá ajudava, mas eu tinha que chegar em casa e ainda olhar caderno, ver se haviam feito lição, me organizar..."

Não sai da memória de Paula o que aconteceu certa vez na época do Halloween. "Eu esqueci que ia ter uma festa da escola. Cheguei em casa depois de um dia pesado, a cabeça estalando. Eram quase 8 da noite, mas pus todo mundo no carro. Minha intenção era passar na farmácia para comprar remédio de dor de cabeça, deixar a babá no ponto de ônibus e ir até o shopping com as crianças para escolher as fantasias. Passando no caixa da farmácia, eu vi a prateleira com gaze, ataduras e fita crepe." Quando voltou para casa, os filhos reclamaram que ela tinha se esquecido de comprar as roupas de monstro. "Comprei sim", respondeu Paula, "vocês vão de múmia!" As crianças adoraram a ideia. No dia seguinte, foi só acordar meia hora mais cedo e montar o visual. "Enrolei eles com um bolo de ataduras que custou 30 reais. Fizeram o maior sucesso no colégio." A lição que tirou do episódio doméstico serve também para a vivência corporativa. "É preciso ser prático e fazer o que dá para fazer. Vamos simplificar um pouco a nossa vida", convida ela.

Claro que nada é tão claro no princípio, nem é conquistado sem esforço e muito investimento emocional. "Esse era um tema de terapia até antes de eu ter filho. Minha terapeuta me ajudou a chegar à

---

1. Perfil na página 132

conclusão de que não sou como minha mãe, que abdicou de trabalhar fora de forma feliz; ela queria ser mãe em tempo integral. Então eu decidi ser a melhor mãe possível para os meus filhos, fazendo o que eu gosto, dentro do contexto que eu conseguir criar." Esse "contexto", como Paula nomeia, significa realizar as coisas da forma mais prática possível. "Eu sempre fiz uns combinados nas empresas por onde passei: "A criança está doente e precisa ir para o hospital? Eu paro o que estiver fazendo e vou. Já se é coisa de rotina, que posso delegar para a babá, não vou ficar me matando por isso". Ela descreve outra situação típica: "Ah, tem uma única apresentação do balé no ano, que cai justamente no dia da reunião da diretoria? Paciência, diretoria, eu vou no balé da minha filha. Porque, mesmo com 4 anos de idade, ela vai guardar essa data na memória".

Assim como fazia nas empresas, Paula também negociava com os filhos. "Quando minha filha, que é a mais velha, saiu no primeiro passeio da escola, eu levei até o ônibus, dei um beijinho e fui para o trabalho. À noite, ela reclamou, com um bico desse tamanho: 'mamãe, você foi a única que não esperou o ônibus sair'." Ela entendeu que havia decepcionado a filha e combinou que na próxima vez seria diferente. "Então, no segundo passeio, esperei uma hora e tanto até o ônibus sair. Fiquei desesperada, tive de avisar na empresa que ia atrasar, mas esperei junto com as outras mães, que estavam indo para a ginástica ou trabalhavam em outro horário." Quando a menina chegou em casa, Paula quis saber se ela tinha ficado feliz. Diante da resposta afirmativa, Paula "negociou": "Eu já fiz isso uma vez, agora não vou fazer mais, tá bom? Porque atrapalha a rotina da mamãe. Tudo bem?". A filha concordou com o combinado e se acostumou a se despedir da mãe assim que entrava no ônibus da excursão. Claro que a história se repetiu quando chegou a vez do mais novo. "Ai, meu Deus, fiz a mesma bobagem de novo, né? Tá bom, filho, na próxima vez eu fico, mas vai ser a primeira e a única, tudo bem?" E assim foi concluída nova negociação e firmado novo acordo, desta vez entre a mãe e filho.

'O teste era para mim, não para o meu filho'

A executiva Andrea Menezes[1] tem críticas sobre o processo que chama de "vitimização" de alguns setores femininos. Ela admite, porém, que a decisão entre carreira e maternidade afeta 95% das mulheres. "Elas sofrem por causa disso, e a gente lida mal com esse assunto." Uma alta executiva foi acusada que ter feito uma carreira de sucesso por não ser mãe, relata Andrea: "Chega a ser afrontoso!" Discutir a questão é fundamental, em sua opinião: "Eu acho que as mulheres têm que fazer uma rodinha, sem entrar homem nessa história, e pegar o *role model* de mulheres que criaram filhos para a gente debater esse assunto. É uma barreira, sim, uma mulher que tem filho investir na carreira".

Dona de uma longa carreira como operadora e gestora em instituições financeiras globais, Andrea criou os dois filhos enquanto ocupava posições dentro e fora do Brasil. Ela viveu poucas situações em que se questionou sobre seguir equilibrando na balança o trabalho e a maternidade, mas pelo menos duas delas foram fortes. "Isso aconteceu quando eles eram bem pequenos, porque depois que eles ficam maiores, que começam a verbalizar, não te querem mais em casa," argumenta, bem-humorada. O primeiro episódio foi quando seu primogênito, aos 3 meses e meio de idade, teve de ir para o berçário. "Na minha licença, como tive de ficar de repouso, passei pouco tempo com ele. Eu já tinha desmamado também, porque não queria essa história de trabalhar e o peito vazar, aquele drama: 'ah, se meu filho não mamar eu vou morrer'. Eu já tinha um monte de problemas, e esse era o menor." Como teria de voltar ao trabalho no começo de janeiro, Andrea levou o bebê ao berçário em dezembro, para um período de adaptação antes da folga de fim de ano. "Lembro que eu o deixava nesse berçário, entrava no carro e não conseguia sair. Eu chorava compulsivamente como se nunca mais fosse

---

1. Perfil na página 41

ver meu filho." Com o tempo, a situação amenizou, como ocorre com a maioria das mães nessa situação. "Hoje eu sei que era eu que tinha de me acostumar sem a criança. O teste era para mim, não para ele", filosofa ela.

O segundo caso se deu quando o menino já tinha 6 anos e Andrea estava em Nova York a trabalho. A comunicação na época era por chamada internacional, ligação cara e demorada. "Não tinha essa de celular, de ficar vendo a mamãezinha por vídeo. A gente tinha uma regra: os meninos não falavam comigo por telefone porque depois ia ficar aquela choradeira e era o pai que tinha que aguentar. E estava tudo certo, eu não podia tornar a vida dele pior." O combinado era que a família se reuniria em Nova York nas férias. Uma semana antes da partida, ela recebeu a notícia de que o primogênito tinha sido diagnosticado com apendicite. "Ele vai operar daqui a duas horas", disse o marido ao telefone. "Quê? Meu filho vai ser operado em São Paulo e eu aqui? Pois vou pegar um avião agora!" Antes de tomar alguma atitude, Andrea foi informada de que a intervenção seria por laparoscopia, com previsão de alta para o dia seguinte: "Ele sai na quarta-feira, e na segunda a gente pega o avião para aí. Você não vai voltar por causa de uma laparoscopia", argumentou o marido. "Então eu contei o que estava acontecendo para o meu chefe no banco e pela primeira vez larguei o trabalho no meio do expediente. Na hora da operação, entrei na Trinity Church, que ficava ao lado do escritório, em Wall Street, e rezei as quatro horas previstas para o procedimento. Eu chorava como se fosse a pior mãe do planeta." No fim, a cirurgia correu bem e o menino se recuperou a tempo de viajar com o pai e o irmão. Hoje adultos, os dois filhos devem se divertir com essas histórias contadas pela mãe, que por sinal já é avó.

‘Nos Estados Unidos, a proteção para a mãe é mais forte’

Profissional de recursos humanos com experiência internacional, Larissa Messias Romero[1] conta que adiou a maternidade para se desenvolver na carreira. “Quinze anos atrás, quando comecei na empresa, as líderes mulheres eram casadas, mas não tinham filhos, principalmente as líderes internacionais. Isso me chamou a atenção, tanto que pensei: ‘então você realmente tem que abdicar’. Como eu também queria uma carreira, posterguei ter filhos”, diz ela, que trabalha em Miami como diretora da The Estée Lauder Companies. “No Brasil eu me sentia mais culpada. Nos Estados Unidos, a proteção para a mãe está ainda mais forte agora. Aqui as mulheres não têm medo de falar ‘eu hoje vou trabalhar de casa porque meu filho vai ter um jogo de futebol, e eu vou ficar para assistir’. E a gente, do RH, entende.” Larissa percebe que no Brasil, como em muitos países da América Latina, os colaboradores sentem a necessidade de trabalhar longas horas para demonstrar que são produtivos: “Do tipo que chega cedo e vai embora tarde. Já aqui no nosso escritório, as pessoas trabalham das 9 às 5, e só estendem o expediente de vez em quando. Também atendem *call* de casa, mas sem essa obrigação de trabalhar longas horas – e isso desde antes da Covid. As pessoas têm sua vida particular, tem sua família”.

Larissa se encontra num momento em que também se cruzam as prioridades pessoais e profissionais. Ela tem consciência de que, para crescer na empresa, terá que se transferir para a sede, em Nova York. Acontece que essa operação fica mais complicada para quem ainda tem de se dedicar a uma bebê, sua segunda filha. “Em Miami, as coisas são mais fáceis, às vezes eu me sinto como se morasse no Rio de Janeiro ou na Bahia. Já Nova York é uma cidade mais dura, tem que fazer a baldeação no trem, tem que pegar metrô. Tudo é corrido, como em São Paulo.”

---

1. Perfil na página 69

'Afinal, todo mundo precisa nascer'

A engenheira civil Camila de Carvalho Correia,[1] estabelecida com o marido em Portugal, notou que naquele país existe um grande apreço pelo bem-estar e pela qualidade de vida. "Por exemplo, se eu tenho uma consulta médica e marcam uma reunião muito importante para o mesmo horário, eu vou na consulta médica, porque a saúde e a família estão em primeiro lugar." Apesar de ainda não ter entrado na casa dos 30 anos, Camila já participou de projetos importantes em São Paulo antes de se estabelecer no país europeu. Entre os planos para o futuro, está a maternidade. "Eu e o meu marido temos vontade de ter filhos... pelo menos três, mas não agora. Nós somos muito jovens e achamos que, se trabalharmos por mais alguns anos, podemos juntar dinheiro e ter uma condição mais confortável para um filho do que agora. Também gostamos muito de viajar, e queremos conhecer muitos lugares antes de tentar ter um filho."

Camila está tocando a obra de uma casa de alto padrão naquele país. Foi contratada para substituir outra profissional que havia saído de licença-maternidade. "Quando cheguei, me contaram a história dessa engenheira. Ela tinha acabado de ser admitida quando descobriu que estava grávida. Comunicou o fato para a construtora, pensando que seria mandada embora. A equipe de coordenadores se reuniu e cada um deu sua opinião sobre o andamento do trabalho. Depois da conversa, os donos da empresa a chamaram e disseram: 'fique tranquila. Tire sua licença e tenha seu bebê. Afinal, todo mundo precisa nascer'." Camila soube que o período de afastamento da colega foi mais longo do que o normal porque o bebê nasceu antes do previsto. "Ela visitou o escritório uma vez. Estava toda agradecida, até chorou, porque graças à empresa conseguiu cuidar do filho prematuro. Quando acabou a licença maternal ela voltou com mais garra e vontade do que antes", relata ela.

---

1. Perfil na página 134

‘Ser compreensivo não é ser condescendente’

É pacífico que ao se tornar mãe, a mulher trabalhadora tem direito a alguns benefícios – entre os mais importantes, o auxílio-maternidade e a estabilidade no emprego temporária. A empresa que a emprega também recebe da Previdência Social a restituição dos salários pagos durante o período. Mas existem ganhos indiretos tanto para a mulher como para a empresa. **Isabele Quirino**,[1] consultora na Volkswagen Financial Services, contabiliza as vantagens que a maternidade traz para os “dois lados do balcão”: “Ter sido mãe influenciou muito esse meu papel corporativo. Além disso, a maternidade me deu, ou acabou estimulando, algumas habilidades importantes para esse lado profissional”. Detentora de um currículo recheado na área de recursos humanos, que inclui grandes empresas de diversos segmentos, e mãe de uma adolescente, ela diz que passou a enxergar a realidade do RH de outra forma. “Quando eu olho o mercado, vejo que ele cobra muito das mulheres, o que inclui um estigma muito grande sobre aquelas que são mães. Então eu entendi que era preciso contornar isso com muita organização, trabalhando coletivamente, tendo atitudes com muita transparência.”

Isabele pontua seu raciocínio com um exemplo pessoal, mas que as mulheres que trabalham fora conhecem bem. “Quando você se torna mãe, é claro que você vai faltar ao serviço de vez em quando. Por mais que minha filha hoje esteja maior, ainda assim ela demanda de mim – e eu continuo sendo mãe. Outro dia mesmo ela quebrou o dedo e eu a levei ao médico. Então, eu vou continuar me ausentando. A minha vida não é organizada o suficiente para eu não ter que faltar, por mais que o pai dela seja uma figura muito participativa e presente na vida dela e que a gente consiga de alguma maneira intercalar as nossas responsabilidades. Ainda assim, em algum momento eu também serei responsável por alguma atividade.”

---

1. Perfil na página 103

Do duplo ponto de vista de cuidadora na vida pessoal e na profissional, Isabele chama a atenção para essa "troca constante" de saberes e fazeres: "A maternidade precisou ser para mim essa impulsionadora em desenvolver algumas habilidades das quais o corporativo também usufrui. É um olhar não muito controlador, que não isola tudo em si. Eu tenho que ter esse cuidado e passar transparência para as pessoas com quem trabalho". Ela diz que essa é uma tarefa que não se esgota em si, e que mesmo depois de tantos anos de estrada, continua procurando respostas para certas questões. "Não acho que exista uma receita de bolo, eu também estou tentando me descobrir nisso. Talvez eu não tenha ainda achado a resposta certa, mas tenho feito algumas coisas que têm me ajudado. O que eu evoluo na carreira me ajuda como pessoa."

Mesmo que não haja receita pronta, a experiência que Isabele acumulou e reparte com quem convive pode ser sintetizada nas palavras empatia e tolerância. "No momento em que eu percebi que muitas outras mulheres passam por isso, que existe uma marca histórica, uma questão social do mundo em que se vive, entendi por que as situações se perpetuam." A partir dessa tomada de consciência, ela começou a refletir e a se fazer perguntas: "Tá bom, se isso aqui não acontece só comigo, se acontece com todas as outras, como fazer para parar? E como ajudar essa outra mulher a entender que isso faz parte de um contexto maior do que ela?". A resposta vem em seguida: "Não é em grandes doses que a gente vai resolver tudo. Vai ser em pequenas doses, na área em que a gente atua. Quando alguém pede desculpas por ter se atrasado para uma reunião de rotina, eu falo: 'gente, se nós, que sabemos a nossa própria realidade, dentro da nossa própria área, não pudermos entender um atraso, como é que vamos poder dar esse apoio, essa compreensão, para as outras áreas?'" Isabele ressalva que ter mais compreensão dos problemas alheios não significa ser condescendente. "Sei que muitas vezes é necessário chamar a pessoa de lado e ser um pouco mais enfática

“

Quando eu olho o mercado, vejo que ele cobra muito das mulheres, o que inclui um estigma muito grande sobre aquelas que são mães. Então eu entendi que era preciso contornar isso com muita organização, trabalhando coletivamente, tendo atitudes com muita transparência. - Isabele Quirino

”

sobre o que está acontecendo. Daí se abre o diálogo, daí ocorrem pequenas mudanças de atitude."

> "
> *É preciso ter um* **olhar cuidadoso** *para a* ***maternidade.***

A mesma metáfora sobre a perspectiva de quem conhece e vive a realidade de ser mãe é empregada pela musicista **Emanuele Kirie**[1], que é sócia e administradora da Casa Cosy. Referindo-se às colaboradoras da área comercial da empresa, formada só por mulheres, ela comenta: "Eu tenho um olhar muito cuidadoso em relação à maternidade delas. Porque é muito difícil você ser mãe e trabalhar. Por exemplo: eu tenho uma assistente que trabalha em *home office*. Pois eu sei a hora exata em que ela para o serviço para pôr o filho no transporte escolar. Ela leva 15 minutos para preparar o menino, pegar a mochila dele e levar até a perua. Isso é importante para toda mulher, porque se ela não tiver paz para fazer isso, não vai conseguir se desenvolver e acaba desequilibrando também o trabalho dela".

'Mais mulheres entraram no mercado como PJ, mas perderam benefícios'

As mudanças pelas quais o mercado vem passando recentemente afetam de várias formas as mulheres que exercem um trabalho

---

1. Perfil na página 39

remunerado. Na visão da gestora financeira **Leticia Souza Tavares**,[1] diretora executiva da organização social Pimp My Carroça, os eventuais benefícios não compensam a precarização do trabalho que ocorre na atualidade. "O fato de ser PJ [pessoa jurídica] talvez tenha favorecido que mais mulheres entrassem no mercado de trabalho, porque você não tem nenhum tipo de vínculo, só emite uma nota fiscal." Ela alerta exatamente para a falta de proteção trabalhista: "Acho perigoso pelos benefícios que se perdem. Ficou doente, ficou grávida, não importa..."

Atuando no terceiro setor, Leticia vive essa realidade desde o início da carreira: "Cada organização vai estabelecendo um formato. Então você recebe o salário e emite as notas, mas continua sem garantia nenhuma, sem fundo de garantia, seguro-desemprego ou auxílio-saúde. Para acessar o INSS, é preciso pagar o DAS [Documento de Arrecadação do Simples Nacional] como microempreendedor individual. Mas ninguém cuida se as pessoas realmente estão pagando ou não. Aí, se essa pessoa passa uma situação de necessidade, talvez fique completamente descoberta e eu duvido que as organizações tenham condições de arcar com esse tipo de despesa". A maternidade é um momento decisivo sob essa perspectiva: "Beleza, a mulher acabou de ter um filho, então vai poder trabalhar e emitir sua nota como frila [*freelancer*]. Por outro lado, essa mãe está sendo privada de passar mais tempo com o filho...", argumenta ela.

---

1. Perfil na página 216

PERFIL

Paula Giannetti

De projeto em projeto, transformando pessoas

Paula Giannetti se define como uma pessoa esquisita. Quem a conhece pessoalmente sabe que ela se encaixa na terceira ou quarta definição da palavra "esquisito": "que não é igual à maioria". Apaixonada por comunicação desde a quinta série, pensava em ser publicitária, tanto que influenciou várias amigas que seguiram essa profissão. Só que, na hora de preencher a ficha de inscrição no vestibular da PUC de São Paulo, cravou... psicologia! Não por indecisão, ao contrário: "Sou geralmente bem programadinha com as coisas", conta com um sorriso. "É que eu não tinha feito cursinho e achei melhor tentar algo mais fácil." A conselho do pai, matriculou-se mesmo assim, de olho numa futura transferência para publicidade. O resultado é que adorou o curso de psicologia e seguiu até se formar, com o objetivo de arrumar um emprego na área de educação.

Durante testes para *trainee* na Unilever, Paula gostou das dinâmicas que lhe foram aplicadas e tentou a trilha de Recursos Humanos, mas acabou aprovada em Trade Marketing, área que não conhecia. Pensou em desistir, até que o pai mais uma vez a convenceu a ir em frente. Por que não aproveitar a experiência para juntar dinheiro suficiente para montar o próprio consultório de psicologia? Permaneceu no Marketing até que assumiu uma vaga em RH, onde conheceu todos os subsistemas: recrutamento, remuneração, avaliação, até chegar ao treinamento. "Eu descobri nessa trajetória que, óbvio, gosto da temática de pessoas, mas o que eu gosto mesmo é de projeto. É começo, meio e fim, é transformação, é fazer as coisas mudarem, é impactar as pessoas. Não é nem impactar o negócio, porque eu acredito que o impacto do negócio vem através das pessoas."

A intenção de ser consultora fez com que Paula mapeasse os segmentos que achava importantes para seu desenvolvimento profissional, mesmo sem conhecer nada de cada setor. Engajou-se em projetos de transformação no Banco Real, que se tornou ABN e Santander. Foi para a Lenovo, empresa de tecnologia, área em forte crescimento. "Eu tinha passado por uma empresa inglesa e por uma holandesa até chegar a uma chinesa. Achei bom, como consultora, conhecer uma nova cultura organizacional." Acabou não se adaptando, principalmente pelo ritmo intenso, que a obrigava a trabalhar de madrugada em função da diferença de fuso horário. Depois de participar de um projeto na Inspirali, empresa de educação médica do grupo Ânima Educação, chegou finalmente ao segmento industrial. No Grupo Votorantim, gerenciou projetos de redesenho de negócios e funções em empresas da *holding* até chegar ao posto de diretora de Recursos Humanos na indústria química Unipar.

Paula dá aulas na Fundação Getulio Vargas, em paralelo a sua carreira de consultora e executiva. "Pensei: eu trabalho com liderança, cultura, transformação. E quem consome meu produto? Quem implementa e precisa disso pra melhorar a vida? A própria área de RH, onde eu conheço muita gente das várias empresas em que trabalhei. E ainda tem os próprios alunos da GV." Paula usa uma metáfora para explicar o estado dos projetos que a interessaram nos últimos 20 anos, todos com duração definida: "Na verdade, eu gosto é de carro sujo. Todo mundo sempre fala: 'puxa, Paula, na hora que fica bem legal, com tudo organizadinho, sem bagunça, você vai embora? Você nem fica para essa parte tranquila?' Pois é, a parte tranquila não é pra mim não".

PERFIL

Camila de Carvalho Correia

Vocação de conhecer e construir

O gosto por estudar veio por influência dos pais, ela professora de educação física, ele contabilista. Não por acaso, a matéria preferida de Camila de Carvalho Correia era matemática, mas ela também gostava de desenhar. "Então eu sabia que tinha que fazer alguma coisa que tivesse a ver com isso." Na hora de escolher o curso superior, resolveu assistir a algumas aulas na Faculdade de Arquitetura e Urbanismo da USP, levada por uma prima que estudava lá. "Eu queria estudar matérias de exatas, e na época nem sabia que arquitetura era da área de humanas..." Acabou optando por engenharia civil no Instituto Mauá de Tecnologia, em São Caetano do Sul, onde pôde enfim combinar matemática e desenho. E se deu tão bem que virou monitora, corrigindo provas e auxiliando outros estudantes. Pela faculdade, desenvolveu projetos de iniciação científica e fez intercâmbio durante seis meses na Politécnica de Madri.

A fase intensa de estudos logo deu lugar à sua primeira experiência profissional. "Quando estava no quarto ano, comecei a estagiar na Rocontec. Havia duas opções, eu podia ir para projeto ou para obra. Como achei que em projeto eu ia ficar muito no computador fazendo as mesmas coisas, fui para obra, onde o dia a dia é mais dinâmico." Acertou em cheio. Na primeira construtora, começou como estagiária e passou a assistente de engenharia durante a construção de duas torres de 17 andares destinadas a um hotel e um centro de treinamento corporativo do Bradesco. Saiu de lá com indicação para incorporadora Pivô. "Eu tinha muito interesse em entender como funcionava a parte de venda dos apartamentos", conta ela, enfatizando seu entusiasmo por conhecer diversas atividades relacionadas com o negócio imobiliário. "Cuidei de seis empreendimentos lá, do início ao fim. Assim que compravam o terreno, eu era responsável por contratar os projetistas de todas as disciplinas. Marcava a demolição, chamava o topógrafo e também fazia a ponte com a legalização. Depois, junto com meu chefe, a gente fazia o orçamento das obras e abria concorrência com as construtoras."

Como ela e o marido, Vítor, tinham planos de morar fora do país, um convite para ele trabalhar em Portugal inaugurou a nova fase tanto da vida como da carreira. "Foi superdesafiador, porque eu cheguei sem emprego. Um amigo da engenharia civil me indicou para a Osborne, construtora que tem um braço em Lisboa e outro em São Paulo. Fiz entrevista, mas não tinha vaga no momento para mim, e só depois de quatro meses eles me chamaram. E foi incrível, porque eles me deram a oportunidade de fazer uma casa, o que eu nunca tinha feito antes. Está sendo muito enriquecedor". E não se trata de qualquer casa, mas de uma residência com 1.400 metros quadrados na Quinta da Marinha, em Cascais, condomínio onde morou o jogador Cristiano Ronaldo com sua família.

Prestes a completar 30 anos, Camila se entusiasma ao relatar quanto está sendo instrutiva a experiência de comandar em outro país uma equipe formada por trabalhadores mais velhos que ela. "Aqui é muito diferente do que eu conhecia no Brasil, inclusive na questão técnica de construção, muito por causa do clima. Como tem muita variação de temperatura no ano, os métodos construtivos são completamente diferentes. Além disso, a obra que estou fazendo é toda em concreto aparente – aqui eles chamam 'betão aparente'. A gente betona a parede e pronto, ela já está acabada. Só que isso gera uma série de desafios, porque não dá para errar, não tem como consertar. Se fizer errado um ponto de tomada ou de iluminação, é necessário eliminar a parede inteira e fazer tudo de novo."

Conversa com a Senses

Soraya Santos e as consultoras da Senses Mariana Gottfried e Anna Agostini batem papo sobre os dilemas das mulheres que são mães sem abdicar da carreira profissional.

Soraya: Vocês são mães. Com o que vocês mais se identificaram – ou não – neste capítulo?

Mariana: Ainda ter que ler sobre certas situações me deu uma sensação de pouco avanço nas reflexões sobre esse lugar da mulher profissional e a combinação com ser mãe. Perceber como se fala muito e se concretiza pouco na prática, ou seja, não vemos mudanças significativas de paradigma de comportamento nos espaços profissionais de diferentes áreas, sejam eles empresas, instituições ou terceiro setor. A gente vê que ainda há necessidade de falarmos sobre esse tema, porque tem muita coisa para poder ajudar a refletir e a mudar a situação que existe atualmente.

Soraya: A gente que já é mãe de adulto, Mariana, fica um pouco com a sensação de que já viveu esse dilema. E você, Anna, que é mãe de crianças pequenas, não deveria viver isso hoje, não é mesmo?

Anna: O que mais me chama atenção, quando se é mãe, é a culpa. Já nascemos com essa culpa, e agora e cada vez mais, com essa coisa do arquétipo da caça, dessa responsabilidade de trazer o sustento para casa. Como é que calibramos a maternidade versus essa obrigatoriedade de trazer grana para casa. Isso acaba trazendo um peso que às vezes acaba sacrificando a maternidade, porque não estamos superleves para lidar com o que virá depois. Porque a maternidade é incrível, só que educar é uma grande responsabilidade.

Soraya: Não sei se vocês já me ouviram comentando que no inglês tem uma coisa que é muito legal: *child* é "filho" e é "criança". E eu acho que, para a mãe, um filho sempre vai ser criança. Claro, por mais que a gente respeite o amadurecimento e que os perrengues tenham níveis diferentes de atenção que precisamos dedicar. Então, quero acreditar que o maior dilema da líder mulher é ser mãe, como conseguimos equilibrar esses pratinhos do tempo, esforço, energia e dedicação. Vocês concordam?

Anna: O curioso é que eu amo o que eu faço, e muitas vezes recarrego a minha bateria fazendo o que faço. Eu lembro que quando o meu pai saía para trabalhar e minha mãe não, eu perguntava: "mas, pai, por que você está indo trabalhar?" – e a resposta dele era um peso. Quando meus filhos me perguntam: "mamãe, por que você está indo trabalhar?", eu falo: "porque a mamãe vai conhecer pessoas, vai trocar informações, vai ensinar coisas para elas e elas vão ensinar coisas para a mamãe". E eles ficam admirados, embora ainda estejam nessa fase de "por que você tem que ir?". Então, tentar equilibrar esses pratinhos, principalmente na maternidade, é priorizar no fim das contas o que realmente importa, que é estar com eles e ser por eles.

Mariana: Eu queria fazer algumas provocações que na verdade me acompanham o tempo inteiro nesse processo de ser humano. Uma das questões é se a gente precisa deixar de ser quem nós somos quando viramos mães. E também a questão de poder trabalhar na nossa profissão. Para quem pode escolher trabalhar no que quer, no que tem habilidade ou no que ama poder dizer: "eu preciso continuar sendo eu, porque ser mãe não pode anular meu ser e a minha vida pessoal". As pessoas que não levam isso em consideração vão se ver no futuro numa situação de seres humanos anulados, que perderam.

Soraya: Como órfãos de filhos, não é?

Mariana: Órfãos de si mesmos. Isso sempre me acompanhou. Eu continuei trabalhando, e queria trabalhar e continuo trabalhando porque eu sou eu. E no meu eu, tenho a minha vida, independente de ser mãe. Ser mãe não anula a minha própria jornada, não pode me anular. Ao contrário, eu acho que quando nossos filhos crescem como seres humanos completos e realizados, isso nos traz um estado de felicidade – mesmo que com cansaço e esgotamento. É quando você encontra propósito e se sente realizado. Isso vai gerar que nossas filhas possam ser mães inclusive com mais energia e alegria. Porque você não perde sua própria jornada de ser humano, você não se anula por ser mãe.

Soraya: Eu acho sensacional. Isso é um conselho, é uma dica que você está dando a partir da sua trajetória como mãe e como profissional. Eu queria emendar para uma reflexão. A Anna trouxe um pouco desse período mais cinza que vocês viveram dos acordos com os filhotes. Será que estabelecer acordos e combinados com a nossa rede de apoio, especialmente com o outro responsável pelas crianças, quando houver, facilita essa jornada? E até combinados com a própria organização?

Anna: Aí tem muito uma coisa de paz de espírito que antecede o combinado. Porque você pode ter uma rede de apoio, mas não necessariamente confia nela. Aconteceu recentemente: eu tive que fazer uma entrega e meu filho machucou o dedinho. Quando você está longe e te falam que ele machucou o dedinho, pode ser uma fratura, uma trinca, uma luxação, pode não ser nada, pode fazer parte da experiência do crescimento dele. E aí tem que ter alguns cuidados. Nesse processo de maternidade, a gente carrega esses traumas de sistema de alerta o tempo inteiro. É sobre posicionamento, sobre paz de espírito. Eu sabia que alguém estava cuidando, mas mesmo longe eu tive que acionar uma rede de contato, desde o pediatra. E ao mesmo tempo isso não garante que você esteja em paz. É sobre essa paz de espírito de você falar: “haja o que houver, eu largo tudo”. Quando você é CLT ou quando tem uma rede, por exemplo, sócios, esses acordos e combinados ficam mais leves. Quando é com você mesmo, a culpa vem com muito mais carga e você precisa lidar com essa questão do autocuidado e entender com clareza que existem coisas que fazem parte do processo e que fogem ao seu controle. E isso não é simples.

Mariana: A partir do que você está trazendo, eu também estou compartilhando algumas das minhas reflexões. Nós vamos construindo esse ser mulher, esse ser profissional, esse ser mãe. É a construção de um modelo que nos coube construir, porque não era um modelo dado. São perguntas que fiz a mim mesma ao longo da minha jornada. Eu sempre me perguntei, nesses acordos e combinados com nossos parceiros, por que nós como mulheres temos que carregar isso de se acontecer algo, sou eu que tenho que sair correndo? Por que não podemos combinar que eles cheguem mais tarde no seu trabalho e que eles negociem com sua atividade para que nós possamos estar no horário que precisamos? "Se na segunda-feira tenho que ficar, eu faço um combinado com a minha empresa ou com a minha entrega, mas na terça-feira é com você." Eu vejo que nós mulheres ainda não nos legitimamos, não nos autorizarmos a fazer isso com tranquilidade.

Anna: Meu marido começou a ter um ritual, porque eu demoro um pouco mais até dar janta, até eu também tomar meu banho, cuidar de mim etc. e tal. O ideal é as crianças estarem na cama por volta de 8 e meia, 9 horas. Aí ele desenvolveu um método de ir aterrissando com eles. A leitura é só com ele, ou uma música... Num primeiro momento, me deu vontade de entrar no quarto – mas passou rápido (*risos*).

Soraya: O que a Mariana disse me ressuscitou uma dica de ouro, que é a revisão de um modelo mental nosso como mulher que faz com que carreguemos todas essas culpas. Quantos homens já vimos dizendo: "puxa, minha mulher engravidou! Como agora sou pai, preciso rever minha rotina"? Deve haver, com certeza há, mas ainda são aves raras. E temos que permitir e incentivar essas reflexões. Quando meu atual marido, que é uma pessoa superdedicada, começou a morar aqui em casa, minha mãe achava estranhíssimo ele tirar os pratos da mesa e lavar a louça quando a gente acabava de jantar. Então, talvez a gente fale dessa corresponsabilidade só da boca para fora.

Anna: Sim porque nós carregamos modelos que presenciamos com as mães, com as tias...

Mariana: Mas esses modelos não nos cabem mais.

Anna: Exato. E esse é um processo de educação também muito desafiador quando se fala da maternidade. A gente também está num processo para educar os nossos filhos. Como é que você tem cada vez mais consciência das suas próprias emoções, do que está te regendo, de como é que você deixa isso claro para que os seus filhos também tenham essa consciência? A minha maior aspiração como mãe é que meus filhos tenham consciência das próprias emoções, saibam identificá-las e respeitá-las e respeitar o próximo. Esse é o maior exercício que faço comigo. Porque na nossa época era: "a menina tem que ser perfeitinha à mesa, tem que agradar os outros... menino não chora..." Que preguiça! Não posso estar descabelada, não posso ser eu mesma, não posso soltar pum! (*risos*).

Soraya: Até usando como base as metodologias com que trabalhamos dentro da Senses Aprendizagem, que orientações práticas vocês teriam para ajudar outras mulheres, mães como nós, a encarar esse que é um dos maiores dilemas da mulher atualmente?

Anna: Eu diria para ter justamente essa autoconsciência, começar a trabalhar as próprias vulnerabilidades, entender até que ponto você dá conta ou não. Na maturidade, tem muita gente querendo dar conselho... E não é maldade dos outros, mas às vezes isso te coloca num patamar ideal e faz com que você não se conecte com ser suficientemente boa. Então, é você trabalhar justamente essa vulnerabilidade, essa suficiência. Como é que eu posso cuidar de mim para eu cuidar do outro. No avião, coloque primeiro a máscara de oxigênio em você e depois nas crianças. O autocuidado e a consciência têm de vir primeiro para depois você pensar em cuidar. Só que, diante dos padrões que carregamos, a gente às vezes se deixa em último na escala de prioridade. Talvez este seja um bom conselho: arranje tempo, se perceba, cuide de você.

Mariana: Queria complementar com o cuidado na comunicação, trazendo um pouco o que trabalhamos nos nossos treinamentos. Como é importante cuidar das narrativas que vamos construindo. Como construímos a narrativa do que nos acontece, do que queremos e do que precisamos. Tanto para nós mesmos quanto para nossas famílias, nossas redes de apoio e também para os espaços de trabalho nos quais vivemos. Eu volto à necessidade de não acharmos que é nossa responsabilidade, porque sempre vamos sentir culpa ou que falta algo. Eu acho que a responsabilidade é compartilhada, nós temos uma parte e o outro também tem uma parte. Nós temos que mudar o paradigma desse formato de criação – a não ser a pessoa que escolhe ser mãe solo, que é outra situação. Outro conselho é poder focar mais no que *temos* do que do que *não temos*. Então, poder focar no tempo em que estamos com nossos filhos, mais do que estar sempre pensando em quanto não estamos. Porque às vezes não aproveitamos o tempo em que estamos ou não nos dedicamos o suficiente...

Anna: Um tempo de qualidade, não é?

Mariana: Sim, porque nossos filhos, tendo a nossa presença inteira, boa, ou seja, completa, no tempo em que eles vão nos ter, isso vai causar um impacto positivo neles.

Anna: Quando conduzimos uma dinâmica com um grupo, normalmente sabemos por qual motivo estamos aplicando, quais são os possíveis debriefings, mas às vezes temos que lidar com o que o grupo pulsa. A ideia é não ignorar isso também na maternidade. É você entender que algumas situações vão te puxar de um jeito que você não aprendeu no livro, no *podcast* ou no que você traz em termos de herança. Porque agora está pulsando diferente. Então, é ter esse olhar para o que pulsa em você, nos seus filhos... E assim como uma criança fica te puxando até que ela receba atenção, também temos que ter esse sinal de alerta com a gente. É trabalhar essa imprevisibilidade que o processo da maternidade traz e você lidar com o cenário que se apresenta. É você saber acolher e saber que não precisa ter as respostas certas. É sobre você estar disponível para o aprendizado.

Soraya: Ninguém nasce mãe, não é? É aquele "viva o momento". Ou a gente projeta, leva lá para a frente e fica ansioso, ou olha para trás e se culpa daquilo que deixou de fazer. É um dilema mesmo.

Mariana: Sobre isso, juntando essas mesmas ideias, poder viver uma vida em que o seu ser profissional e o seu ser mãe possam ser celebrados duplamente, ou seja, que não seja um ou outro...

Anna: Que não seja uma disputa.

Mariana: Isso! Não é uma disputa. Ou seja, olhar para esses dois lados da tua identidade como pessoa e poder celebrá-los.

Soraya: Vemos que é um dilema de ontem, de hoje e possivelmente de sempre. Creio que a palavra-chave é a busca constante pelo equilíbrio!

5

Modelos, alianças e sororidade

A palavra "sororidade" não é de uso corrente na língua portuguesa, tanto que só figura em alguns dicionários online, os mais ligeiros em se atualizar. O Priberam, por exemplo, define o termo como "relação de união, de afeição ou de amizade entre mulheres, semelhante à que idealmente haveria entre irmãs; união de mulheres com o mesmo fim, geralmente de cariz [aspecto] feminista".[1] Este capítulo apresenta depoimentos sobre alianças estabelecidas entre mulheres, destacando com frequência os benefícios que elas obtiveram desse relacionamento, bem como a empresa ou a instituição onde isso aconteceu. Várias líderes manifestaram sua admiração por outras líderes – e mesmo por parentes, amigas e personalidades públicas –, enfatizando como esse sentimento moldou a carreira e a vida de cada uma. Há relatos também sobre líderes homens com posturas inspiradoras. Afinal, como propõe a historiadora britânica Mary Beard, "a masculinidade é o inimigo, não os homens".[2]

1. https://dicionario.priberam.org/sororidade
2. Entrevista para a BBC News Mundo, disponível em: https://www.bbc.com/portuguese/geral-54918468

‘Minha ex-gestora mostrou que eficiência e empatia podem andar juntas’

Mesmo sem usar o termo “sororidade”, é disso que trata o depoimento da farmacêutica Milena Gomes Peccioli[1] a respeito das duas profissionais que mais a influenciaram na carreira. “São mulheres que não têm competitividade feminina. Querem que a pessoa da equipe cresça. Elas impulsionam, motivam e dão autonomia para trabalhar.” Falando da primeira líder, com quem conviveu por quatro anos, Milena reconhece que deve a ela muito do aprendizado que teve naquele período: “Ela me inspirava profissionalmente porque eu via o quanto conseguia dosar a eficiência no trabalho com a empatia. Foi assim que descobri que as duas coisas podem andar lado a lado. Ela era muito exigente na qualidade do trabalho, mas ao mesmo tempo não perdia a mão no acolhimento, em tornar o ambiente mais leve, em não ficar com os louros só para ela”. Milena se lembra de que a ex-chefe fazia questão de validar o time oferecendo abertura para que os colaboradores pudessem se expor de forma positiva. “Uma vez”, recorda, “essa gestora foi convidada para participar de um evento e, sem ter obrigação nenhuma, me incluiu na apresentação. Aí a gente montou o conteúdo juntas e viajou para o evento, ela apresentando a parte dela e eu a minha.” Milena reforça que em sua posição de líder na área de assuntos regulatórios da indústria biofarmacêutica AbbVie atua alinhada com essa postura de quem sabe liderar o time e conduzir conflitos sem perder a empatia.

‘Tive líderes que confiaram em mim e me desafiaram a fazer diferente’

É falsa a ideia de que existe um eu do trabalho e um eu de casa. Esse foi o principal ensinamento que a especialista em gestão

---

1. Perfil na página 36

inclusiva e desenvolvimento de pessoas **Isabele Quirino**[1] guardou do conjunto de líderes mulheres que pontuaram sua carreira curta no tempo, mas ampla de experiências. "Não dá para ser uma boa pessoa fora e não ser uma boa pessoa dentro nas relações de trabalho. Claro que a gente exerce papéis diferentes e cada lugar exige uma habilidade diferente, mas a pessoa é a mesma." Trabalhando como consultora na Volkswagen Financial Services, ela presta tributo às gestoras que lhe deram oportunidades valiosas de crescer, sem se limitarem à descrição dos cargos que ocupou. "Contei com líderes que confiaram em mim e me deram a oportunidade de errar e acertar, me desafiaram a fazer diferente. Outro fator importante é a lealdade e a parceria que a gente constrói para além do ambiente corporativo. Algumas dessas profissionais se tornaram minhas grandes amigas."

Uma lição que aprendeu foi que nem sempre conseguimos produzir 100% do que somos capazes. "Não é um dia ou uma semana ruins que vão fazer de mim uma profissional ruim. Existe uma cobrança muito grande sobre nós mulheres para sermos muito boas em tudo que fazemos. A gente assume múltiplas responsabilidades e, se não formos boas, a primeira justificativa é o fato de sermos mulheres." Isabele reforça que as líderes que conheceu souberam equilibrar suas capacidades com a necessidade de serem eficientes. "Em um dos meus momentos mais difíceis, quando decidi me separar, lembro bem que uma delas disse: 'trabalha com aquilo que você tem, com o que você dá conta no momento'. Como eu estava conseguindo entregar meu trabalho bem, entendi que ela estava falando da minha vida."

Por transitar na área de administração de recursos humanos, Isabele sempre conviveu mais com mulheres do que homens, mas relembra que um profissional foi particularmente importante em sua formação: "Lá no início da minha carreira, esse líder me ensinou a respeitar o cliente, a olhar para o outro". Desde então ela carrega

---

1. Perfil na página 103

esse aprendizado, ao qual recorre sempre que participa da formação de estagiários. "Eu falo para eles que RH é atendimento ao público. A gente pode responder a 14 pessoas que nos perguntam a mesma coisa. Quando chega a 15ª, é só a primeira vez que essa pessoa está perguntando para a gente."

'Um feedback pontual me ajudou a trabalhar de outra forma'

Rememorando sua trajetória, a profissional de recursos humanos Larissa Messias Romero[1] cita os vários profissionais que contribuíram para sua formação. "Foram várias pessoas importantes, não só mulheres, mas homens também, que me ajudaram como mentores a me desenvolver. Coisas como um *feedback* pontual, um toque que me ajudou a fazer algo de um jeito diferente, a trabalhar de outra forma." Ela afirma que agradece o fato de ter sido liderada por "chefes duras" ao longo da carreira. "Eu tive sorte. Hoje me sinto uma pessoa mais assertiva, eu falo que coloquei a assertividade na minha mochila. A maior parte das vezes, o gestor tem medo de dar um *feedback* mais realista."

Ela dá como exemplo o caso em que é preciso fazer um desligamento: "Um dos meus mantras é: na hora que você vai demitir um funcionário, ele já deve ter recebido vários alertas. Precisa estar esperando por isso. Hoje eu conheço um pouco mais da legislação trabalhista nos Estados Unidos, então sei até onde posso chegar, o que posso ou não posso fazer. E também o que a outra pessoa pode ou não falar para mim". Com experiência anterior em empresas no Brasil e atualmente sediada em Miami, Larissa tem consciência de que adotar essa postura envolve questões culturais inerentes a cada país. "Aqui as pessoas são mais assertivas. E sei que em Nova York, onde fica a sede da empresa, é muito mais." Ela valoriza a rede de

---

1. Perfil na página 69

contatos que acumulou ao longo dos anos: "Conheço pessoas, sei como a estrutura funciona, por isso tenho uma visão de como é trabalhar aqui dentro".

'Minha primeira inspiração veio de uma senhorinha forte e decidida'

Uma líder mais velha que não tinha medo de confrontar quem praticasse o etarismo e o machismo foi o exemplo mais importante para a gestora **Luuk Luana**,[1] atualmente na Elo Cartões. "No começo da minha carreira, quando eu trabalhava em *call center*, tive contato com uma das primeiras lideranças inspiradoras na minha vida. Era uma senhorinha linda, mas cricri que só!", enfatiza usando o termo que tanto pode significar "rigorosa" como "irritante". As pessoas se incomodavam porque a gestora defendia suas posições com firmeza, e foi exatamente por isso que a jovem Luuk buscou a aproximação.

Quando ganhou uma promoção para trabalhar no *back-office*, a primeira supervisora com quem teve contato não soube como receber uma mulher trans. "A supervisora disse: 'ai, como é que eu vou lidar com você? Minha equipe nunca teve uma pessoa como você, a gente não está acostumada...' Então eu fui para a gestão dessa supervisora de idade porque ninguém me queria no time." Luuk pensou em se aproximar dela para descobrir como alguém tão fora do padrão havia chegado àquele cargo. "Naquela época eu não sabia que existiam palavras como *networking* e liderança inspiradora. Para mim, era só fazer o meu trabalho ali. Ela foi uma inspiração de mulher forte e decidida, que pegou a minha pessoa para desenvolver sem olhar para essa casca, essa estética. Tenho muito carinho por ela, que me deu todo o apoio e me ajudou a criar outras competências." Entre essas competências, que se mostraram valiosas ao longo de sua trajetória dali para a frente, Luuk enumera ações como organizar os

---

1. Perfil na página 101

processos, prestar um ótimo atendimento ao cliente e criar boas relações no ambiente de trabalho.

Luuk diz que, além dessa gestora, se inspirou em diversas mulheres com quem cruzou no caminho: "Eram mulheres pretas, mulheres mais velhas... Só que com o meu recorte eu não tinha essa representatividade – e ainda hoje é muito difícil encontrar". Até que assistiu a uma palestra da executiva Fabíola Lopes, a primeira profissional transexual da multinacional Unilever. "Aí eu vi que existiam outras possibilidades. Eu pensei: 'gente, uma mulher trans que está num ambiente corporativo como gerente! Como que essa mulher conseguiu?' E ela não tinha formações e cursos e tudo que o mercado pede, mas tinha o conhecimento e a força de vontade." Agora que encontrou o próprio caminho, Luuk cita outra mulher em quem se espelha, a consultora de diversidade e inclusão Niodara Faria, muito presente nas redes sociais. "É uma mulher preta, inteligente... ela é a minha inspiração de vida. É a pessoa que eu olho e falo: quero ser igual a ela'. Ela me mostrou uma parte de mim que eu ainda não conhecia: que uma mulher trans pode falar muito bem, pode pedir um salário maior, pode potencializar e viabilizar esse caminho para outras pessoas."

'Na minha geração, a gente não teve quem nos abrisse as porteiras'

Quebrar as barreiras do universo corporativo que dificultam a ascensão das mulheres seniores, em particular as negras, é uma grande preocupação da economista Ana Cláudia de Souza,[1] vice-presidente do banco JP Morgan. Apesar de ainda estar no meio da carreira (seu primeiro registro profissional foi em 1997, ainda enquanto estudava), ela consegue identificar grandes diferenças entre sua geração e a chamada "geração z": "Como mulher negra em uma

1. Perfil na página 159

“

Como mulher negra em uma posição de liderança, eu posso dar uma perspectiva geracional com viés de raça. O grupo de mulheres que hoje ocupa um cargo como o meu encontrou muita dificuldade na carreira. - Ana Cláudia de Souza

”

posição de liderança, eu posso dar uma perspectiva geracional com viés de raça. O grupo de mulheres que hoje ocupa um cargo como o meu encontrou muita dificuldade na carreira. Nós não tivemos quem abrisse as porteiras para a gente". Ela recorda algumas das dificuldades pela quais passou, que certamente afligiram outras pessoas na mesma situação que ela. "Na minha época de faculdade, eu fui ter o primeiro computador, um bem antigo, só para escrever o TCC – aliás, nem era meu, era de um amigo. A gente até tinha aula de informática, mas era só para apresentar: 'veja, isso aqui é um computador, isso é um Excel, esse outro programa é onde você vai ter que escrever sua monografia...'"

Baseada nessa experiência, Ana entende que existe certo imediatismo na atitude dos jovens que estão entrando agora no mercado de trabalho. "Uma moça com vinte e poucos anos, que acabou de se formar, quer ter o mesmo cargo que alguém com mais ou menos a minha idade, mas sem percorrer e desbravar o que essa profissional sênior desbravou. Antes dos 30, quer ter o primeiro milhão. Talvez seja a aceleração do mundo, não sei se por questões do Chat GPT ou das redes sociais." Ela alerta que não há espaço para tanta gente que quer ser chefe. "São mais de mil funcionários na empresa em que eu trabalho, e só um é o CEO – que nem se chama CEO por conta das hierarquias internacionais. A impressão que tenho é que há muita ansiedade, uma busca incessante pelo sucesso. É preciso ter maturidade."

"

Eu via aquilo em que cada pessoa é boa e queria fazer igual.

Perguntada sobre quem a havia inspirado na vida, a diretora de RH da Unipar, Paula Giannetti,[1] respondeu que foram "pedacinhos de várias pessoas": "Eu tentava ver o que achava de bacana em cada um, aquilo em que a pessoa é tão boa que eu queria fazer igual". As primeiras referências, ela encontrou em casa. "Meu pai sempre foi um modelo bem interessante de referencial, uma pessoa de cabeça muito aberta para as coisas. Ele dizia: 'esteja aberta, vai lá e testa'. E isso, desde que eu era pequena. Se eu não queria comer ervilha, ele dizia: 'experimenta uma. Depois, se você não gostar, é outra história... Mas você vai ter que experimentar primeiro'. Ou seja, experimenta antes de falar ou criticar." Sobre a mãe, ela ressalta a criatividade de quem é capaz de "dar nó em pingo d'água". "Minha mãe usa uma frase que é meio clichê: 'no final dá tudo certo; se não deu certo é porque não é o final'. Quer dizer, não fica esperando as coisas acontecerem, vai tentando, não desiste, tenta outras abordagens, seja criativa". Paula extrapola essa lição para o trabalho em equipe, que exige resiliência para que se encontre o caminho.

Outros aprendizados tiveram origem no universo corporativo mesmo. "Uma grande inspiração veio de uma vice-presidente de banco. Ela consegue transitar num mundo extremamente árido sem deixar de ser atenciosa, educada, simpática, inteligente e chique.

---

1. Perfil na página 132

Com ela aprendi que é possível ser doce e cuidadosa em qualquer ambiente, isso não é problema nenhum. Eu falava comigo – e falo para ela até hoje: 'quando eu crescer, quero ser como você'." Partindo da constatação de que os modelos masculinos são mais abundantes numa organização, Paula destaca um dos que lhe causaram forte impressão: "Tive um líder brilhante que me perguntava: 'como é que você pensa o futuro? Como é que você faz o *link* entre as coisas, como é que você se organiza?' Dele eu aproveitei muito essa questão de visão de futuro e estratégia".

"

Aprendi com meus pais a gostar do estudo e a economizar.

Os pais também foram a primeira referência para a engenheira civil **Camila de Carvalho Correia**,[1] que trabalha em Portugal. "Eu via a minha mãe, que é professora, sempre tão dedicada a fazer cursos. Então a gente estudava junto, e acho que sempre tive amor pelo estudo por causa dela. Na faculdade, nunca me revoltei por ter tanta coisa para fazer porque eu achava legal isso de estudar." Mas foi o pai, contabilista de profissão, que a encaminhou para as ciências exatas. "Quando eu era pequena, adorava desenhar e estudar matemática, que era a minha matéria preferida. Eu já sabia que ia trabalhar em alguma coisa que tivesse a ver com isso." Ela relata que, além de servirem de modelo na fase de estudante, os pais deixaram lições para

---

1. Perfil na página 134

outros aspectos da vida. "Eles são muito metódicos. Então aprendi muito com eles só de observar. E meu pai sempre foi empreendedor, do tipo que acorda cedo e tem pelo menos dois trabalhos ao mesmo tempo. Além disso, sabe economizar dinheiro..."

Outras duas figuras marcantes em sua formação foram uma prima e uma tia. A primeira a levou para conhecer a Faculdade de Arquitetura e Urbanismo da USP, logo que passou no vestibular, mas a convidada não se entusiasmou com as exposições teóricas a que assistiu. "Eu não sabia o que escolher, só sabia que tinha de ser alguma coisa na área de exatas." Quanto à tia, Paula explica que a influência partiu de um paradoxo: "O engraçado é que ela não tem nada a ver com engenharia. Na verdade, nunca conseguiu acabar uma faculdade. Começa um curso e não acaba". Apesar do temperamento indeciso, foi justamente essa tia que incentivou a sobrinha a se dedicar à escola. "Ela me dava boas dicas, falava para eu estudar bastante e ser sempre a primeira da classe. Acho que ela me inspira até hoje."

No começo da carreira, ainda em São Paulo, Camila trabalhou em uma construtora na qual era a única mulher entre sete profissionais. "Eu adoro trabalhar com homens porque eles são muito práticos e diretos. Já o meu chefe imediato contratava mulheres porque dizia que temos um olhar melhor para a qualidade das coisas, principalmente numa obra. A mulher consegue reparar no que vai dar problema no futuro e no que vai ficar esteticamente feio." Sua chefe atual também merece elogios: "É brasileira também, e já está em Portugal há uns nove anos. Ela é maravilhosa".

'Me inspirei na minha avó, batalhadora, e na minha mãe, uma desbravadora'

"Minha inspiração veio da minha mãe, que era uma desbravadora", diz a médica Helidea Lima.[1] "E também da mãe dela, minha

1. Perfil na página 188

avó, que era uma batalhadora lá na fazenda. Morreu nova, com trinta e poucos anos, quando já tinha nove filhos." Ela conta que seu avô era rico, mas quando a mãe e o pai se casaram, a situação apertou: "Eles tiveram logo três filhos – eu sou a terceira". Por causa das dificuldades financeiras, a família foi morar em Juiz de Fora. A mãe de Helidea cuidou de estudar e só depois o marido terminou a própria formação. "Ela teve que desbravar esse conceito machista de que o homem vem primeiro. E teve uma vida muito bonita de luta, se formou em direito e trabalhou com isso. Ela tem Alzheimer e está numa clínica. Cuidei do meu pai, que já morreu, e agora cuido dela, com a ajuda do meu irmão."

Helidea lembra que ela mesma teve de enfrentar resistências na família para se desenvolver e encontrar seu caminho. "Minha mãe me via como a pessoa que ela não foi. Quando eu falei que queria aprender a dirigir, ela respondeu: 'para quê? Sua irmã não quer'. Se eu falasse que queria fazer faculdade, minha irmã mais velha dizia: 'para que fazer faculdade? Eu estou ganhando meu dinheiro como professora, enquanto você está aí sem ganhar nada." Longe de se abalar com isso, ela diz que aproveitou os exemplos de quem veio antes para entender que é preciso lutar contra as dificuldades até encontrar seu espaço na vida. O resultado é que se formou em medicina, trilhou uma bem-sucedida carreira até se tornar diretora da Rede D'Or São Luiz.

O que fez Helidea se propor a integrar a equipe do Barra D'Or foi o procedimento a que foi submetida quando era uma paciente. Ela ficou tão impressionada com o protocolo sobre qualidade e segurança que lhe foi aplicado que, terminado o atendimento, subiu até o andar da diretoria. "Eu disse para a líder, que é uma liderança muito forte, que queria trabalhar lá. Falei: 'quero entender como é que você fez esse hospital chegar ao padrão em que acredito e que eu ainda não conhecia ninguém que tinha feito'." Helidea descobriu que o hospital desenvolve as lideranças das unidades de negócio, com um médico e um enfermeiro responsáveis em cada uma delas. Dois anos depois, em 2013, ela passou a gerir a área de controle de qualidade. "Eu apliquei na rede exatamente o que aquela líder fazia no hospital. Com o grupo de enfermeiros e médicos que estão comigo, a gente roda os hospitais entrantes trabalhando o padrão de qualidade. Quando entrei, acho que não tinha nem 20 hospitais, agora são 73."

'Talvez eu inspire algumas pessoas, mas ainda é um lugar muito solitário'

A gestora de Recursos Humanos Priscila Paula[1] não esquece uma cena de sua adolescência, quando esperava a mãe chegar depois de um longo dia de trabalho. "Minha mãe não tinha tempo, então ela conversava comigo enquanto usava o banheiro mesmo. Contava como tinha sido o dia dela na área administrativa do Jornal do Brasil ou em uma empresa de *design* de interiores e me estimulava a falar meus pensamentos. Acho que minha mãe nem lembra disso, nunca contei isso para ela."

Priscila fala com carinho de uma profissional de quem foi par durante quatro anos. "Foi uma conquista para a minha vida. Ela é uma mulher negra extrovertida, publicitária, de relações públicas, e eu sou uma mulher negra de RH. As nuances ficavam muito claras, porque eram duas mulheres negras em cargos de alta liderança completamente diferentes: ela passava muitas coisas pela introspecção e eu, ao contrário, passava pela minha extroversão." Priscila diz que essa complementariedade funcionava bem. "Eu era muito falante, enquanto ela era a pessoa que ouvia e ia para o estratégico. Quando terminava um trabalho, a gente sentava e ela ia me trazendo insights aqui e ali. Em contrapartida, eu verbalizava para ela. Isso fazia o *match* ficar bom. Para mim, time é isso".

---

1. Perfil na página 162

Sobre o fato de ser uma "mulher negra num cargo de alta liderança dentro de uma grande companhia" (gerente de Desenvolvimento e Diversidade na C&A), Priscila acha que pode, sim, estar influenciando outras pessoas. Só que ainda se trata de uma posição solitária. "Talvez eu inspire algumas pessoas pelas minhas falas, pelo que eu trago, mas é um lugar muito difícil de conseguir sustentar, é um lugar dolorido que traz consequências físicas e mentais. Não sei se estou disposta a pagar esse preço por muito tempo, mas é exatamente isso que me dá força para viver. Eu tenho gana de fazer, tenho gás para fazer, mas ao mesmo tempo tenho medo se vou conseguir aguentar mantendo a saúde."

'As crianças atendiam a ele, não a mim'

O primeiro gestor em quem **Marta Mika Kokubo**[1] se espelhou no início da carreira "era uma pessoa insuportável, arrogante, que gostava de humilhar o liderado". Ao recordar essa época, a engenheira agrônoma faz uma autodescrição no mesmo tom: "Quando comecei, ainda na formação da equipe, eu era mandatória, literalmente um general. Mantinha o controle total da equipe". Ela conta que o tempo e a maternidade lhe ensinaram que esse perfil profissional não é o mais efetivo. E quem deu o maior suporte para essa guinada em seu estilo de gerenciar foi o próprio marido. "O que eu posso falar dele? Que é uma pessoa maravilhosa, porque sempre me apoiou em absolutamente todos os meus desenvolvimentos, seja quando resolvi trabalhar muito, seja quando resolvi parar de trabalhar um tempo."

Na época em que Marta precisou assumir uma postura "muito masculina", em suas próprias palavras, o marido desempenhou o papel complementar: "Não sei explicar bem, mas tivemos uma conexão muito grande, porque acho que aflorou o feminino dele. Era mais ou

---

1. Perfil na página 214

menos assim: eu chegava em casa e gritava para meus filhos tomarem banho, e se eles não levantassem eu contava até três..." Ela descreve que nessa hora o marido entrava em ação, fazendo uma brincadeira qualquer, e os filhos obedeciam de forma natural. "Comecei a perceber que as crianças atendiam a ele, não a mim. Isso me ensinou muita coisa, o que foi muito bom. Acho que o que aflorou todo esse feminino dentro da mulher profissional foi o caminho da maternidade. A maternidade é uma escola impressionante, muito valiosa."

PERFIL
Ana Cláudia de Souza

Para a economista estudiosa e 'questionadora', falar espanhol fez toda a diferença

Para mostrar como sempre foi independente, Ana Cláudia de Souza revela que fez o primeiro tratamento dentário num posto de saúde em Diadema, onde nasceu. Detalhe: ela tinha 10 anos de idade e foi sozinha. A mãe, analfabeta funcional, trabalhava em casa de família. O pai, que não sabia ler ou escrever, era coletor de lixo e passou a borracheiro. Mais nova de quatro irmãos, sempre estudou em escola pública. "Fui uma criança negra de periferia que sempre gostou muito de estudar. A escola era um lugar onde eu conseguia me ver como qualquer outra pessoa." Ela conta que seu primeiro emprego foi na lojinha de xerox da escola onde estudava. "Minha mãe não queria que eu trabalhasse. Ela sabia que eu gostava de estudar, e achava que se eu passasse para o noturno, o estudo seria menos rigoroso. Mas para mim era vergonhoso ter que pedir para ela pagar meus esmaltes, o absorvente... Depois de muita briga, acabei indo trabalhar lá."

Outro episódio que ilustra como Ana sempre foi "questionadora", como se define, ocorreu no segundo emprego, quando estava terminando o segundo grau. "Minha irmã era professora na primeira faculdade particular de Diadema e conseguiu que eu trabalhasse na lojinha de uniformes de lá. Como meu sonho era fazer faculdade, fui pedir uma bolsa para o mantenedor, que era pai da dona da lojinha onde eu trabalhava. Mesmo sabendo quanto eu ganhava, ele falou que me daria... sei lá, 10% ou 15% de desconto na mensalidade. Só que o valor da mensalidade era maior do que o salário que a filha dele me pagava para trabalhar oito horas por dia. Aquilo me deixou muito brava!", recorda ela, que chegou em casa e desabafou para a mãe: "Para ele eu não trabalho mais!"

Ana diz que sempre soube que era a educação que iria mudar sua vida, só não conseguia se decidir sobre o que estudar. "Eu gostava de muitos assuntos diferentes – matemática, biologia, psicologia, então fui fazendo algumas eliminatórias. Pensei em atuária, para trabalhar com seguros, mas na época só tinha na USP." Ela passou no vestibular para Economia na cidade mineira de Viçosa, porém desistiu, porque não tinha como se manter lá. Acabou entrando na Etec de Diadema para estudar administração. "Comecei fazendo estágio e assim, com um salário melhor, consegui pagar uma faculdade de economia perto de onde eu trabalhava, no Centro Ítalo-Brasileiro. Só que o primeiro ano era meio básico e o curso não fechou turma para o segundo ano. Aí eu fui para a faculdade do São Luiz, na Paulista." Nessa época, a situação financeira da família apertou porque meu pai ficou doente e passou muito tempo internado. Correndo o risco de abandonar a faculdade e, em consequência, perder o estágio, Ana se viu obrigada a solicitar uma bolsa novamente. Desta vez, felizmente, obteve sucesso: "O padre me deu uma bolsa de 100% no primeiro ano, depois 80%, depois 50%. Foi só assim que eu consegui finalizar o curso de economia".

As coisas começaram a melhorar quando Ana foi chamada para trabalhar em uma construtora. "Eu já tinha saído da faculdade e comecei a ter um pouco mais de dinheiro e tal. Pensei que precisava estudar alguma língua." Como nunca se dera bem com inglês, matriculou-se em um curso de espanhol. Trabalhou na construtora com estudo do consumidor até que o mercado imobiliário entrou em crise. "Eu já estava há sete anos na empresa e fatalmente seria demitida." Ela resolveu sair antes disso e morou um período no Canadá para tentar finalmente aprender inglês em sistema de imersão. Na volta ao Brasil, a língua que lhe valeu foi outra. "Olha que loucura: eu estou em uma empresa americana justamente por causa do espanhol! Hoje eu trabalho com os países latinos e falo espanhol o dia inteiro." Ana relata que o LinkedIn foi o responsável por ela ter sido contratada pelo banco JP Morgan. "Vi uma vaga e pensei: 'parece que eles pegaram meu currículo e colocaram aqui'. Eu me inscrevi e alguns meses depois recebi o convite para uma entrevista. Todas as entrevistas foram com estrangeiros, em espanhol", informa ela, que ocupa a Vice-Presidência de Experiência do Usuário para a América Latina do banco.

"Como economista de formação [tem MBA pela FGV], eu gosto de contar: passei 65% da minha vida trabalhando", brinca ela. Dos sonhos de adolescente, transformou em realidade a maioria: conseguiu fazer faculdade, ter um bom emprego e viajar pelo mundo. Vivendo em São Paulo e namorando ("mas cada um na sua casa"), Ana visita sempre a mãe e os irmãos em Diadema e diz que não pretende ter filhos. Seu sonho, que evidentemente envolve educação, é estudar em Harvard. "No ano passado, fiz um curso de *project management* na universidade de Ohio. Não é Harvard, mas já estou mais perto, não é?"

PERFIL

Priscila Paula

A jornada de autoconhecimento da menina que gostava de mandar e se comunicar

Nascida em um dia de tempestade no Rio de Janeiro, Priscila Paula começou a "causar" assim que foi levada em seu berço para junto dos outros na maternidade. Seu choro era tão forte que fez todos os bebês ecoarem um berreiro infernal. "Minha mãe diz que foi convidada a me retirar do berçário por causa disso." Priscila conta que o episódio foi a primeira manifestação da hiperatividade que a acompanharia ao longo da vida. "Eu era levada, sempre tive um instinto meio 'a indomável', e minha mãe tinha muita dificuldade de me controlar." Alfabetizada em uma escola particular, foi obrigada mais tarde a se transferir para um colégio público porque a família não conseguia pagar a mensalidade. Moravam no bairro histórico do Catete e, como o pai trabalhava como segurança no Fluminense, a menina pôde nadar e jogar vôlei no tradicional clube carioca, cuja sede ficava perto de sua casa. "Eu tinha uma família que era minimamente estruturada, então me vejo como uma pessoa privilegiada, por a gente ter vivido num lugar bom, ter tido acesso a coisas que outras pessoas não tinham."

A relativamente boa condição material não impedia que desde a infância ela se sentisse um tanto deslocada. "Tinha uma coisa de não me encontrar, de não me conectar tanto no aspecto físico como no mental, no musical, no do estudo... Por muito tempo eu me achava incompetente, porque não sabia como explorar a minha criatividade." Como não se encaixava no padrão que a escola esperava, ela resolveu entrar cedo para o mundo do trabalho. "Na época tinha um programa de primeiro emprego, acho que se chamava 'jovem aprendiz'. Aos 14, 15 anos, eu fazia um curso administrativo e na Telemar[1] ficava tirando as cartelas de vale-transporte da impressora." Fez escola normal e até começou a dar aulas para crianças. "Eu cismei que queria ser professora, mas não tenho habilidade nenhuma para isso. Hoje em dia até leciono, mas não consigo fazer plano de aula."

Foi então que a mãe, que sempre foi uma referência forte para ela, apontou o caminho. "Quando eu falei que queria trabalhar que nem minha mãe, que era da área administrativa do Jornal do Brasil,[2] ela sugeriu que eu então fosse para Recursos Humanos, porque o pessoal do RH ganhava mais..." Muito tempo depois, quando já estava atuando na área, Priscila teve outra iluminação, esta vinda de dentro dela mesmo. "Eu pensei: o que eu tenho de melhor? Minha mãe falava que eu queria mandar nos outros – beleza, gostar de mandar é liderança. Já o meu pai dizia que eu falava muito e gostava de aparecer, e eu falei 'pô, de repente dá para usar isso em comunicação!' Então, eu acho que tenho esse espírito de liderança nato, eu gosto de estar à frente dos processos."

A necessidade de se expor é justificada por suas origens, diz Priscila. "Eu sou uma mulher preta, carioca. Passei muito tempo me procurando, porque eu não me enxergava em muitos lugares. Acho que essa falta de representatividade vem muito da mídia, do que tinha na TV, né?" Ainda morando com a família no Rio de Janeiro, foi em busca de empregos administrativos e trabalhou em shopping até se tornar recepcionista de um curso de inglês. "Lá eu comecei a fazer outras coisas, me aproximei da contabilidade... Eu pedia 'posso fechar o orçamento no final do ano?'" Em outra empresa, passou de recepcionista a auxiliar administrativa. Paralelamente, fez um curso de tecnologia, onde se interessou pelo sistema de compras online, e, na sequência, estudou gestão de recursos humanos. Quando o Rio

---

1. Empresa de telecomunicação que opera atualmente com o nome de Oi.
2. Um dos mais importantes periódicos brasileiros no século 20, o *Jornal do Brasil* sobrevive hoje apenas na versão digital.

de Janeiro entrou em crise, depois da Copa do Mundo de 2014, ela acabou sem trabalho. "Fiquei quase oito meses desempregada, até que uma amiga me convenceu a procurar emprego em São Paulo. Eu estava casada na época e avisei o meu marido que tinha arrumado trabalho em São Paulo. Ele pediu transferência na empresa que estava e nos mudamos em 2018."

Ao começar a trabalhar na área de Recursos Humanos da varejista de moda C&A, ela teve de enfrentar uma questão que a persegue desde o primeiro emprego: a pontualidade. "Quando eu era estagiária, o dono da empresa, que hoje é meu amigo, me chamou para conversar porque minha gestora reclamou que eu estava chegando atrasada." Priscila concordou, argumentando que já tinha alertado sobre isso na entrevista de admissão e que sempre ficava depois do horário sem cobrar hora extra. "Eu sou uma pessoa atrasada, me desculpe. Sei que pode ser falta de educação para algumas pessoas, mas é como eu vivo. Eu faço as minhas entregas, quando vou participar de um evento tento me antecipar... E sempre peço: 'coloque as minhas coisas para depois de 2 horas da tarde, porque tenho dificuldade de ser uma pessoa ativa de manhã cedo'." Ela conta que na C&A seu comportamento já virou folclore. "O pessoal brinca que eu acordo quando dá 6 horas da tarde. Esse é o horário em que estou na minha melhor performance do dia."

Fazendo um balanço do seu trajeto até aqui, Priscila tem consciência de ser uma pessoa que deixa sua marca por onde passa. "Eu trago muito impacto em tudo que faço, e esse impacto atravessa tanto o meu trabalho quanto a minha vida pessoal quando falo, quando me exponho, quando apresento minhas ideias. E toda vez que consegui fazer isso de um jeito muito específico, eu consegui atingir resultados muito bons." Priscila gerencia a área de Desenvolvimento e Diversidade na C&A e continua morando em São Paulo – "e se apaixonando por várias pessoas neste momento", como ela mesma diz.

Conversa com a Senses

Em que modelos as mulheres podem se inspirar? Que alianças elas podem fazer nos dias de hoje? Esses e outros aspectos relacionados com a liderança feminina são tratados na conversa entre Cibele Arnaldi e Priscila Mello D'Ambrósio.

Cibele: O que mais chamou sua atenção quando você leu os depoimentos?

Priscila: Percebi que um ponto transversal a todos os relatos foi a ênfase em comportamentos que estão relacionados aos aspectos femininos da nossa personalidade. São coisas como confiança, pertencimento, inclusão, acolhimento, escuta, que estão realmente relacionadas a esse aspecto feminino. E aqui eu queria trazer só um contexto, um conteúdo da psicologia junguiana. O Jung entende que a psique humana se origina dessa tensão entre os opostos masculino e o feminino, e que essa dualidade é responsável pelo nosso amadurecimento e crescimento. Então, é o aspecto feminino que está em contato com as nossas emoções, que está nutrindo, acolhendo, cuidando, doando; enfim, trazendo conforto, e é através dele que acessamos a nossa segurança, a nossa sensação de amparo e o nosso pertencimento. Ao falarmos do aspecto masculino, falamos de lógica, racionalidade, tomada de decisão, independência... Esse lado também está relacionado a lei, disciplina, ordem, à nossa busca pela perfeição. Isso não tem nada a ver com o gênero; são dinâmicas de comportamento. Quando usamos mais o lado masculino, a gente se torna hiperexigente, supercrítica, acaba falando menos sobre sentimento e sendo percebida como uma pessoa fria. Quando pensamos no contexto da liderança feminina de hoje – e lendo esses relatos –, entendemos que essas mulheres têm muita autoconsciência do processo. Nas histórias delas aparecem muitos insights assim: "ah, eu me percebi", "eu entendi", "eu compreendi que precisava fazer diferente"... Ou seja, são mulheres que apresentam um olhar para sua experiência, para sua vida, mas que também são orientadas para o seu próprio sucesso e crescimento. Então, o que mais me chamou a atenção foi a capacidade que essa liderança feminina traz – e que precisa ter – que é a complementaridade entre esses dois aspectos, e tendo consciência do que está sendo mais expresso e do que está ficando em desuso. É importante que a gente perceba essa dinâmica saudável que traz, sim, o sucesso, a meta, o resultado, uma ambição clara de aonde se quer chegar e o que é preciso fazer de planejamento, conciliado com esses aspectos do pertencimento, do acolhimento, da escuta que vieram muito fortes nos relatos. Tipo: "você, que está se separando, faça aquilo que é possível", "você, que é diferente, encontre um espaço onde você possa ser aquilo que você é". E o quanto a integração desses aspectos opostos contribui para uma liderança mais íntegra e coesa.

Cibele: Quando falamos de modelos, até um tempo atrás os modelos de liderança eram masculinos. E de homens em que o lado masculino era o requerido; o lado feminino do homem não tinha espaço para olhar para sentimento ou pertencimento. A gente tem esse modelo, lá de trás, que se espelha no formato da liderança. No capítulo, temos a questão de alianças, de como podemos criar alianças importantes que vão nos projetar. Tem até a própria aliança de eu comigo mesma, não é?

Priscila: Totalmente. E isso é importantíssimo porque existe essa herança do patriarcado. Um dos grandes desafios da liderança feminina atual é ressignificar esse lugar. Mas é exatamente isto: como eu me compreendo, me percebo diante de todos esses desafios, dessa potencialidade, para, a partir daí, conseguir estabelecer um relacionamento mais saudável com o outro.

Cibele: Porque senão vou continuar achando que aquele modelo ainda faz sentido, ainda traz resultado. Agora, com tudo o que vivemos na Rede Senses, este capítulo traria algum conselho?

Priscila: Talvez dicas, caminhos para explorar... O livro por si só já é uma prática pelo fato de inspirar a partir dos relatos de outras mulheres. Em um contexto macro, a gente está vivendo o mesmo desafio que é ressignificar o patriarcado. No contexto médio, a partir do sistema em que estou incluída, vou lidar com os desafios A, B e C. E no micro, estou eu, na minha individualidade, lidando com os meus desafios pessoais. Quanto a dicas, existem as práticas e soluções que temos na Rede Senses. Por exemplo: *coaching*, *mindfulness*, programas de desenvolvimento específicos que olham para essas idiossincrasias e especificidades da liderança feminina... E diria mais: programas específicos de desenvolvimento pessoal que tratam da integração dos aspectos femininos e masculinos.

Outro ponto é como podemos seguir estimulando a autoconsciência e o autoconhecimento? Porque, se não percebermos tudo isso, especialmente esse equilíbrio dinâmico de que falamos tanto, não teremos a percepção daquilo que precisa de ajuste e correção de rota. Então, é importante esse investimento na autoconsciência, no autoconhecimento para desenvolvermos uma liderança equilibrada. Não se trata também de imitar um estilo feminino ou masculino, mas se conhecer de verdade para alcançar essa potência.

Cibele: Me lembrei de um programa de liderança em que empregamos as ferramentas clássicas, mas cuja diferença foi abrirmos espaço para que as histórias viessem realmente. Porque uma ferramenta de liderança qualquer vai servir para todo mundo, mas a forma de usá-la é que pode mudar. Naquele programa, tivemos a oportunidade de ver as mulheres falando de liderança, de como se projetar, sem apagar sua própria história feminina. E trabalhar a continuidade... A sensação que tenho é que a liderança feminina é um tema recente em termos de sociedade, não é?

Priscila: Concordo.

Cibele: E como um tema que está começando, ele precisa ter sequência e frequência. Precisamos ir apoiando para que esse tema ganhe voz.

Dando um exemplo do esporte: a Simone Biles, a ginasta dos Estados Unidos, foi perguntada em uma entrevista se ela iria ser a nova Michael Phelps, o nadador recordista em termos de quantidade de medalhas. E ela respondeu: "não, eu vou ser a próxima Simone Biles!" É a mesma coisa de dizer: "a Marta é igual ao Pelé". Não!, a Marta é a Marta!

Priscila: E isso acontece no mundo organizacional quando a gente pensa numa liderança inspiradora e fala: "ela se parece com fulano, ou tem o estilo do Sicupira, do Lemann ou..." E é muito desafiador, sim, para as mulheres ocuparem esse espaço porque, voltando para a questão do contexto, as mulheres acumulam funções, ponto. Acumulam a função da casa, do suporte, da rede de apoio familiar, dos filhos; enfim, de uma governança macro da vida. E aí é fundamental o outro tema deste texto, a sororidade, porque dentro da sororidade também está implicada a rede de apoio, as alianças, as trocas, as pessoas que nos inspiram a fazer diferente, que orientam... Alguém que foi abrindo o mato na frente para que a gente tenha um caminho mais suave para seguir. É realmente um trabalho hercúleo. Acho a iniciativa do livro muito interessante também por conta disso. Como você disse, é um tema novo do qual ainda precisamos falar muito.

Cibele: Sim. E torço para que homens leiam estas histórias até para se inspirarem também. Não estamos falando de uma liderança feminina que só mulheres irão comprar. Você falou no início da conversa: como é que se chega na totalidade se o lado feminino não consegue aflorar? Fica só o lado do resultado, do lógico...

Priscila: Lembrando aquelas metodologias da Senses: a prática do autoconhecimento, da atenção plena, rodas onde se consegue fazer essas trocas e espelhamento, programas que sejam dirigidos e que depois tenham alguma iniciativa para levar para fora. Porque é muito fácil falar hoje de diversidade; o desafio é falar de inclusão. Algumas empresas têm um programa de diversidade de gênero para acelerar a carreira de mulheres, mas não contam isso para o resto da organização.

Cibele: Quando começamos a escrever este livro, realizamos uma grande enquete com amigas, clientes e mulheres inspiradoras. Depois, fizemos uma roda de conversa por Zoom com um grupo de mulheres que selecionamos. Quando acabou a reunião virtual, a gente ouviu: "quando vai ser o próximo?". Porque esses momentos de troca são importantes. Essas coisas que nos conectam são mais do que o resultado do encontro, e a sororidade também está nisso.

Priscila: Exato. A sororidade e, também, os modelos de relacionamento e tudo aquilo que a gente constrói. Lendo os relatos, me senti contemplada pelas histórias. E tem essa transversalidade muito forte de que o que diferencia uma boa liderança feminina é um equilíbrio dinâmico entre os dois aspectos. Então, são mulheres que conseguem traçar um plano, um planejamento, uma coisa mais criteriosa e pragmática, ao mesmo tempo conciliando com os aspectos emocionais e afetivos tão importantes para um relacionamento saudável.

6

Redes de apoio

As mulheres são mais afetadas pela síndrome de *burnout* que os homens. A constatação é do estudo "Women in the Workplace" de 2021, realizado pela consultoria McKinsey,[1] que descobriu que naquele ano 42% delas haviam sofrido esgotamento profissional, contra 35% dos homens. De acordo com a pesquisa, uma em cada três mulheres pensou em abandonar o emprego ou diminuir a carga de trabalho durante o período da Covid-19. No caso do Brasil, essa situação é ainda mais grave, conforme o relatório "Esgotadas", divulgado pela ONG Think Olga em 2023.[2] "A sobrecarga de trabalho doméstico e a jornada de trabalho excessiva foram o segundo fator apontado pelas entrevistadas como tendo maior impacto em sua saúde emocional, atrás apenas das preocupações financeiras", informa o estudo. A boa notícia, segundo a entidade, é que 91% das entrevistadas afirmaram que a saúde mental deve ser levada a sério, e 76% delas estão prestando mais atenção ao problema, principalmente após a pandemia.

---

1. Disponível em: https://www.mckinsey.com/~/media/mckinsey/featured%20insights/diversity%20and%20inclusion/women%20in%20the%20workplace%202021/women-in-the-workplace-2021.pdf
2. Disponível em: https://lab.thinkolga.com/esgotadas/

Daí a importância de contar com o suporte de outras pessoas que possam ajudar com as crianças e as tarefas domésticas, diminuindo assim a carga que tradicionalmente recai sobre as mulheres. Se essa situação era mais comum há duas ou três gerações, de uns tempos para cá a assim chamada "família nuclear" concentrou nos pais – principalmente na mãe – as obrigações relacionadas com a criação dos filhos. "O que deixa os pais loucos é que eles não só têm que cozinhar, limpar, trabalhar e manter um relacionamento, mas também têm que ser cuidadores em tempo integral e companheiros de brincadeiras para seus filhos pequenos. Não é fácil", descreve o pediatra Harvey Karp.[1] Ele defende que os pais recorram a uma rede de apoio, representada por pessoas da família ou profissionais especializados: "as responsabilidades só se multiplicam. Precisamos ajudar as pessoas a aprender como equilibrá-las para que não fiquem tão cansadas que não consigam cuidar nem de si mesmas nem de seus bebês". Referindo-se à realidade nos Estados Unidos, ele afirma que os pais que contratam babás ou põem os filhos na creche "não estão fazendo nada de errado, muito menos abdicando de suas responsabilidades; estão fazendo algo bom e proporcionando um ambiente socialmente muito mais rico para seus filhos". E acrescenta: "é normal que os parentes ajudem uma nova mãe. O bebê não é o único trabalho de uma nova mãe, ela muitas vezes precisa cozinhar, limpar, lavar a roupa. Então a avó, a sogra, a irmã, a vizinha poderiam segurar o bebê no colo".

'Quando se trata de filho, a mulher muda completamente'

A atriz e empresária Camila da Rocha Vaz[2] precisou recorrer à ajuda da sogra para cumprir um contrato com a Prefeitura de São

---

1. "A pior coisa que pais podem fazer pelos filhos é criá-los sem ajuda", entrevista publicada na Folha de S.Paulo em 1/1/24
2. Perfil na página 190

Paulo menos de um mês após dar à luz pela segunda vez. "Durante o evento Virada Sustentável, ela ficava com o bebê no camarim. Eu saía de cena, ia lá dar de mamar e voltava para a apresentação." Camila conta que já tinha vivido situação parecida quando do nascimento da primeira filha, hoje uma adolescente. A diferença é que dessa vez o retorno ao trabalho se deu em um período mais curto. "Fiquei fora uns dez dias só. Eu tinha uma escola de circo na época, instalada bem ao lado da minha casa. Eu levava um bercinho e deixava ela lá enquanto eu ficava trabalhando. Foi tranquilo." Outra figura importante em sua rede de apoio foi a avó, para cuja casa se mudou quando deu um basta no primeiro casamento.

Atualmente, Camila divide as obrigações da vida profissional e da familiar com a mesma pessoa, seu segundo marido. "A gente dá opiniões sobre as coisas, mas ninguém impõe nada." Segundo ela, os dois dividem as tarefas com clareza, e nenhum critica as decisões que o outro toma. Outra vantagem, explica sorrindo, é que dessa forma cada um vai para um lado, o que contribui para preservar o relacionamento. Já lidar com as filhas exige outro tipo de malabarismo: "Eu já posso chamar um táxi para levar a mais velha na escola e está tudo certo, mas a menor ainda é muito pequena. De qualquer forma, o meu marido me ajuda demais, não tenho do que reclamar".

O relato de Camila tem pontos em comum com as mães que sabem o que querem e não abrem mão de seus princípios, especialmente quando se trata de não prejudicar as crianças. "A mais velha não é filha do meu atual marido, e eu só escolhi ficar com ele porque ele a aceitou e resolveu acolhê-la como filha. Se não fosse assim, podia ser o amor da minha vida, mas não ia dar. Tem que respeitar as minhas filhas. Porque a partir do momento que você está com uma pessoa que não respeita seus filhos, ou sua mãe, ou sua avó, ou sua tia, já não vale mais a pena." Camila diz que o papel que desempenha como empreendedora também tem relação com a maternidade. "Eu lutei para construir tudo para poder sustentar minhas filhas sem ter que pedir nada para ninguém, nem para o meu ex-marido. Então acho que isso também dá uma força. A mulher, quando fala de filho, muda completamente, né?"

'Além da parceria no trabalho, tive todo o suporte da minha mãe'

No caso de Cynthia Venancio da Silva,[1] sócia do espaço para eventos Cosy e mãe de dois filhos, a assistência principal veio da mãe. "Como acontece com várias mulheres que têm filho no mundo corporativo, eu tive todo o suporte da minha mãe, que foi uma avó maravilhosa. Eu também contava com uma babá e havia uma estrutura, então deu tudo certo." Ela conta que, por incrível que pareça, chegou a ganhar um bônus de desempenho na consultoria em que trabalhava na época em que estava grávida de sua filha. "Foi uma parceria muito grande graças à relação de proximidade que eu pude estabelecer com os sócios da consultoria, que era bem pequena quando eu entrei", recorda ela.

> "
> **Quanto mais se cresce na carreira, mais precisamos de uma rede de apoio.**

1. Perfil na página 39

No ambiente de trabalho, ter alguém com quem contar facilita a vida da líder mulher em diversos aspectos, como aponta **Larissa Messias Romero**,[1] responsável pelos recursos humanos da área de Varejo de Viagem Américas da The Esteé Lauder Companies. "Uma colega dizia que a liderança é um lugar solitário. Quanto mais você cresce na carreira, mais solitária vai ficando e mais precisa de uma rede de apoio, porque você não vai conseguir resolver tudo sozinha." Ela revela que ao longo dos anos conseguiu criar relacionamentos dentro e fora da empresa que funcionam como válvula de escape para as tensões vividas por quem administra colaboradores. "Quem é do RH lida com muitos temas confidenciais. Por isso, nem sempre dá para se abrir. Algumas pessoas nem chamam a gente pelo nome, chamam de 'RH'. Eu penso que tenho de manter a postura porque estou representando a empresa todo o tempo, não importa se é numa reunião de trabalho ou numa festa da empresa. As pessoas reparam quando se bebe uma taça de vinho a mais ou se faz um comentário errado."

Atuando a partir de Miami, nos Estados Unidos, Larissa buscou conhecer diretoras com cargo semelhante ao seu e com quem tivesse alguma afinidade. Tanto dentro como fora da organização, mas de preferência que atuassem em outra região, como uma grande amiga que mora em Londres. "Dessa forma, eu consigo me abrir um pouco mais e trocar experiências. E também continuo a cultivar minha rede de contatos no Brasil." Ela diz que deu sorte por ter começado a trabalhar fora da sede da empresa, que fica em Nova York: "Miami é muito mais latina, então foi possível fazer amizades. Mas ainda é aquela coisa de ser amigo só dentro do escritório, fora é diferente". Alimentar relacionamentos também é importante para reunir informações essenciais. "Isso é vital porque às vezes uma pessoa de dentro da empresa pode te abrir os olhos para alguma coisa que está acontecendo, ou para um ponto cego que você não viu", completa.

---

1. Perfil na página 69

Larissa faz questão de prestar tributo a duas pessoas que a ajudaram a alcançar o atual estágio de carreira. "Eu tive uma gestora que também tinha família, era mãe como eu. Quando isso acontece, a coisa muda bastante de figura, começa a haver mais empatia em algumas coisas, principalmente com a funcionária mulher que às vezes está passando por alguma situação específica. Mas não estou falando que a mulher tem que ser 'mãezona' na empresa." A outra pessoa importante tem sido o próprio marido: "Se eu não tivesse o suporte do meu marido, não estaria hoje aqui. Ele me apoia em tudo, torce por mim, pelo meu crescimento. A dinâmica do casal é sempre um desafio, mas ele abdicou dos objetivos dele para me seguir e continua me dando apoio". Ela ressalva que, por melhor que seja essa parceria, a dupla jornada persiste. "Não adianta, isso existe mesmo. De dia meu marido cuida das crianças, leva para a escola e resolve as coisas da casa. Mas é só eu chegar do trabalho que ele parece a babá, que diz tchau e vai embora. Então aí eu tenho coisas para arrumar, dar comida para as crianças, lavar a louça e tudo mais."

'Precisamos definir o que delegar para não ficarmos frustradas'

Também diretora de recursos humanos, **Paula Giannetti**,[1] da Unipar, acredita na importância de poder contar com uma rede de apoio, mas alerta que é preciso definir que atividades podem e devem ser delegadas. "Conheço pessoas que afirmam que vão a todas as consultas médicas dos filhos, por exemplo. Eu não acho que o critério deve ser a atividade em si, mas sua importância, sua gravidade." Ela explica que algumas necessidades podem ser críticas em um momento e não em outro. Por esse critério, fica mais prático definir o que deve ser feito pessoalmente e o que pode ser transferido a alguma pessoa de confiança. "Essa gestão deixa a gente mais

---

1. Perfil na página 132

livre. Senão, você realmente não dá conta e aí se sente frustrada e fracassada. Porque eu não vou conseguir estar em todas as reuniões de escola, em todas as apresentações e ir a todos os médicos. É necessário equilibrar."

Paula alerta sobre a necessidade de exercitar o autoconhecimento. "Nós vemos as imagens dessas mães maravilhosas, mas é impossível ser igual a elas – e aí acabamos nos cobrando muito. Eu acho que a gente tem que ser a melhor dentro do que a gente pode." Quando percebe que alguém da equipe está se martirizando por não ter conseguido alcançar determinado objetivo, ela recomenda esquecer a falha e olhar para a frente. "Acho que até já fui criticada por isso, como se eu não me importasse. Não é que eu não me importo, eu só não consigo mudar o passado. Eu falo: 'gente, chateada eu também fiquei, ponto. O chateado continua aqui, não dá para mudar. Então o que a gente faz, como resolve isso daqui para a frente?' Isso vale para relacionamento, para o trabalho, para tudo."

Coaching, terapia, massagem, meditação. Paula já experimentou diversas técnicas em busca de ampliar o conhecimento de si mesma e dar conta das múltiplas exigências na vida de uma executiva. "Eu vou alternando, não faço tudo ao mesmo tempo. Além de tudo, eu gosto desse negócio de experimentar. De vez em quando até faço uns cursos meio malucos." E pergunta, se divertindo com a própria "esquisitice", como ela mesma define: "E por que não?".

“

A terapia me fortaleceu para eu fortalecer as pessoas que trabalham comigo.

A gestora financeira Leticia Souza Tavares,[1] que dirige o movimento social Pimp My Carroça, conta que já buscou na terapia uma forma de se aprimorar como líder e como pessoa. “Acho que cuidar da saúde mental é muito importante para você estar bem com você, para manter a sanidade com o que vem. E não fazer disso um problema, uma fraqueza, uma impossibilidade, ou algo não relevante, como sempre foi apresentado para mim”. Ela diz que fazer análise possibilitou que ela tivesse forças para também dar força às pessoas com quem trabalha. “O lugar da liderança é muito solitário. Hoje em dia já há mais líderes mulheres, mas ainda assim é difícil encontrar pessoas com as quais você possa trocar informações e experiências sobre as dificuldades da liderança.” Para contornar o problema, ela divide as questões mais complexas com o conselho da entidade do terceiro setor em que é diretora.

Leticia diz que a conscientização sobre a necessidade de cuidar da saúde mental vem aumentando nas empresas. “A gente tem que pensar nisso cada vez mais, para nós e para as nossas equipes como um todo. Desde quando eu tive a possibilidade de chegar a esse cargo e a essa função, conseguimos criar um plantão de atendimento de

---

1. Perfil na página 216

saúde mental para toda a equipe. Foi no auge da pandemia." Além desse serviço, ela relata que passou a valorizar as oportunidades de fazer cursos sobre saúde mental e entender o que é *burnout*. "A gente que trabalha com organização social é muito de fazer junto por amor à causa. Tem um tanto de paixão, porque a receita financeira não condiz. Mas também é preciso organizar para ter tempo de respirar, trocar com outras pessoas, descansar, tirar férias... Claro que Leticia também se permite dar essa "parada" de vez em quando: "Estou sempre envolvida, mas, mais do que ninguém, se tem festa sou a primeira a chegar e a última ir embora".

Ela faz questão de reconhecer que, se hoje ocupa uma posição de liderança no terceiro setor, muito deve a uma professora que conheceu na faculdade. "Ela perguntou se eu conhecia alguém que quisesse fazer estágio e eu respondi: 'claro, aqui está o meu currículo'. Foi assim que comecei a trabalhar com expatriados na consultoria dela. Lá eu tinha um lugar para me desenvolver, porque o que essa professora ensinava na teoria fazia na prática da gestão. Além de me incentivar a continuar estudando, custeou minha pós-graduação até mesmo depois de eu sair da consultoria e ir para uma organização social, que era o meu sonho. Ela é minha inspiração até hoje."

'A terapia me ajudou a dar um passo atrás e virar a chave'

A psicoterapia ajudou a gestora de recursos humanos Priscila Paula[1] a entender que ninguém é autossuficiente. A minha terapeuta falava: "você não pode pegar o mundo, colocar na sua mão e resolver. Você não vai salvar o mundo' – e até 2023 eu estava tentando salvar o mundo", admite ela. Priscila relata que entrou em um quadro de ansiedade, quase um *burnout*, por buscar sua independência. "Eu era determinada a ser independente financeiramente porque sempre gostei de fazer as minhas coisas, morar em lugares bons..."

---

1. Perfil na página 162

Criada numa família de classe média, modesta, porém estruturada, ela se recorda de ser uma adolescente "chorona, meio depressiva". Os desentendimentos que testemunhou em casa durante a infância também a influenciaram no mesmo sentido: "Eu via a minha mãe sofrendo por causa do meu pai e pensava: 'eu não quero isso para mim'". Com espírito determinado, arrumou uma colocação como jovem aprendiz, aos 14 anos, e a partir de então concentrou seus esforços na carreira. "Foi um lugar que eu criei muito por conta disso, dessa vontade de crescer independente, de não depender de ninguém", afirma. "Até que veio a terapia e eu virei a chave." Hoje Priscila declara para que quem quiser ouvir que a terapia a ajudou a "dar um passo atrás" e que hoje conta com a rede de apoio de amigas com quem pode conversar sobre o trabalho.

O autoconhecimento é essencial para crescer profissionalmente, acredita Priscila. "No começo eu pensava comigo: 'eu não sou boa em matemática, não sou boa em leitura, mas preciso me potencializar'. Então, fiz isso através de duas coisas em que sempre fui muito elogiada desde criança, a comunicação e a liderança." Ela aprendeu que não compensa se preocupar em excesso com o que chama de "fraquezas": "Às vezes a sua fraqueza nem é fraqueza. Na verdade, não serve pra nada, só existe para confundir e te fazer ter síndrome do impostor". Convidada a aconselhar uma jovem em início de carreira, ela usou o próprio exemplo para deixar a mensagem mais clara: "Trabalhe suas potências e vá evoluindo suas fraquezas até que chega um momento em que você entende que elas não são tão importantes assim. As minhas fraquezas, por exemplo, passam imperceptíveis hoje em dia, ninguém percebe porque elas não fazem mais parte de mim".

Além de se voltar para si mesma, Priscila também conta com o olhar do outro para evoluir. "Eu peço sempre *feedback* para o meu time. Elas dão uma engasgada para falar, mas eu digo para falarem a verdade". Esse é um processo doloroso, mesmo para quem conhece as críticas de antemão, admite ela. "Dói pra caramba você enxergar seus defeitos, onde você está errando, porque às vezes a gente sabe que está errando e continua. Mas eu acho que é um processo de humanização, é como você se enxerga como ser humano."

'Médico é doido, médico gostar de estudar'

No tempo em que era sócia de um hospital, a médica Helidea Lima[1] adoeceu duas vezes por causa do relacionamento tóxico com os demais diretores, todos homens. Por isso mudou seu foco para a área de qualidade. Atuou como subsecretária estadual em Minas Gerais até que, terminado o mandato, chegou a um novo momento de transição. "O período no governo foi muito rico, mas entendi que a gestão pública tem um lado com o qual eu não conseguia conviver." Foi então que resolveu contratar um *coaching* de carreira que pudesse ajudá-la a encontrar um novo rumo na vida corporativa. "Essa minha primeira experiência com *coaching* foi muito ruim. Logo no início eu deixei claro para o profissional duas coisas: eu não queria mais fazer assistência e não queria me corromper. Aí, no meio do trabalho eu entendi que ele queria me dizer que o mundo era corrupto e que eu tinha de me ajustar a ele. E eu disse: 'não, eu não vou me ajustar, porque isso para mim é o limite'."

Helidea também recorreu à análise durante um tempo: "Hoje em dia não faço terapia, mas entendo que deveria fazer. Lá em casa, todo mundo faz". Quanto ao *coaching*, ela conta que a má impressão inicial com a prática só foi apagada anos depois, em um novo processo, desta vez em São Paulo. "Essa outra pessoa me ajudou a sair dessa baixa autoestima que a gente acaba tendo porque fica colocando a culpa no sistema por não receber um bom salário, ou por não ser valorizada. Foi muito bom." Entre a experiência ruim e a boa com *coaches* diferentes, e ainda antes de alcançar a posição na diretoria da Rede D'Or São Luiz, ela viveu um período sabático. "Defini que ia parar nove meses, e até brinquei que nove meses mudam a vida

---

1. Perfil na página 188

de uma mulher." Ocorre que "período sabático" tem uma definição peculiar no dicionário de pessoas inquietas como Helidea: "Resolvi viajar 40 dias e depois fazer só o que eu gostava: andar de bicicleta na praia de manhã... E voltar a estudar, porque médico é doido, médico gosta de estudar. E aí, no final de semana, eu dava aula".

'Com o trabalho voluntário, retribuo um pouco dos meus privilégios'

Na tentativa de encontrar sentido, seja no mundo do trabalho, seja na vida pessoal, muitos profissionais buscam apoio no sagrado. Como kardecista, a farmacêutica Milena Gomes Peccioli[1] aprendeu ainda pequena que "fora da caridade não há salvação". Por isso, foi de forma natural que ela começou a dedicar à atuação social uma parte de seu tempo fora do expediente na empresa biofarmacêutica AbbVie. Colaborou com diversas instituições até que, durante a pandemia, integrou-se à entidade Pãozinho Solidário, na qual lidera uma rota de distribuição de bens e alimentos para moradores em situação de rua, além de fazer parte do time de organizadores. "Eu sentia que tinha de preencher a minha vida de alguma forma. Até já contribuía financeiramente com um lugar ou outro, mas é diferente quando você está ali presente." Milena acredita que ninguém é melhor só porque doa seu tempo ou dinheiro para uma causa beneficente: "Não gosto dessa forma de pensar. Sou uma pessoa como outra qualquer, tentando dar o meu melhor. Para mim, o trabalho voluntário é uma forma de retribuir os privilégios que tenho, que não foram coisas que eu conquistei, não foram por mérito meu, foi porque eu nasci de certa forma, com certa condição".

Ela não nega que sua atuação tenha motivação religiosa. "Tem um viés espiritual, não tem como não ter, por causa da minha religião, da minha criação." Por outro lado, aponta que a atividade

---

1. Perfil na página 36

contribui para seu desempenho no ambiente profissional. "Quem participa de um trabalho voluntário acaba convivendo com médico, engenheiro, *designer*, gerente, fisioterapeuta... Eu consegui desenvolver muito a minha habilidade de me comunicar com pessoas de áreas diferentes, com perfis e idades diferentes." Ela ressalta que a atividade melhorou sua capacidade de delegar tarefas e lidar com imprevistos: "Um dia, por exemplo, estava chovendo muito e havia poucos voluntários, no outro faltou a doação de um item – como é que a gente lida com isso?". O fato de a colaboração ser semanal também motiva Milena. "Quando eu saio para a rota de entrega, sinto o impacto de uma realidade diferente da minha. Assim, toda semana relembro dos meus privilégios e volto a olhar o ser humano com outros olhos."

'Sou a líder que sou porque tenho a minha religiosidade'

A frase acima soaria banal caso tivesse sido proferida por alguém sem o currículo da executiva de recursos humanos Fernanda Chilotti,[1] candomblecista e vice-presidente sênior da Marsh Brasil, líder mundial em corretagem de seguros e gerenciamento de riscos. "Seja na carreira de *trust advisor*, seja na de ialorixá, meu papel é facilitar o desenvolvimento das pessoas." Para explicar melhor, ela se compara a uma empresa de logística, que leva coisas de um lado para o outro conforme a necessidade de cada um: "A pessoa precisa melhorar a vida profissional, melhorar a vida espiritual? Como eu posso ajudar, como posso facilitar o processo? Claro que para cada ambiente existe um ferramental diferente. Mas é a mesma coisa", compara.

Fernanda diz que se sente mais empoderada desde que entrou em contato com a própria religiosidade. "Venho de uma família de mulheres fortes, mas que foram criadas no patriarcado. Minha avó avançou um pouquinho na coragem da vida, mamãe também avançou

1. Perfil na página 71

“

Venho de uma família de mulheres fortes, mas que foram criadas no patriarcado. Minha avó avançou um pouquinho na coragem da vida, mamãe também avançou um pouquinho. E eu comecei a fazer questionamentos que levaram as pessoas a dizer ‘o que será dessa menina?’ - Fernanda Chilotti

”

um pouquinho. E eu comecei a fazer questionamentos que levaram as pessoas a dizer 'o que será dessa menina?' Graças à religião, Fernanda passou a entender o fenômeno e por que querem calar as mulheres: "Aí fui ler, estudar e tentar aprender até olhando para dentro de casa mesmo. E pensei que dá para fazer diferente." Ela diz que foi na fé que encontrou a força para mudar. "É uma religião matriarcal", esclarece, "mas tem uma frase que é dita lá tanto para homem como para mulher: 'siga a tua força e olhe pra você e pra tua potência'. Isso dá gás para você conseguir amplificar sua potência."

Os conceitos de matriz africana permeiam a vida de Fernanda em todos os aspectos, incluindo sua atuação profissional. "Minha religiosidade me ensina valores e me faz lembrar todos os dias o que é um valor para o ser humano, o que realmente importa." Ela ensina que dois desses valores são o bom caráter (ìwà-pelè) e o senso de comunidade (égbé). "Então você tem que ter bom caráter para viver na sua comunidade. Como não ser um bom líder e uma boa pessoa assim?" E aproveita para dar um exemplo prático: "Como *trust advisor*, quando eu sento para aconselhar uma liderança sênior da organização, eu trago esses elementos para estratégia: o que é o certo?, como isso vai ressoar nos nossos funcionários?, como esse ressoar dentro da organização vai impactar a sociedade?". Fernanda encerra o raciocínio lembrando que o Global Risk Report, do Fórum Econômico Mundial, alertou para o perigo das policrises, em que convergiriam riscos como inflação, aumento do custo de vida, guerras comerciais, descapitalização de mercados emergentes, tumulto social, confrontos geopolíticos e ameaças de conflito nuclear: "Se vocês, humanidade, não se cuidarem, vocês vão se matar".

PERFIL

Helidea Lima

Médica de formação, gestora por 'deformação'

Uma experiência pessoal fez com que a médica Helidea Lima passasse a se preocupar com o padrão de qualidade e segurança praticado pelos hospitais brasileiros. Ao voltar para casa depois de dar plantão como intensivista em uma UTI neonatal, ela viu que o filho estava tendo uma crise convulsiva. Sem tempo a perder, levou o menino para outro hospital da cidade de Juiz de Fora, onde foi ele bem atendido e se recuperou rapidamente. Passado o susto, ela se questionou sobre o motivo de não ter confiado no próprio hospital onde trabalhava e do qual era sócia. "Isso foi no ano de 96, e só em 98 o Brasil teria o primeiro hospital acreditado, que é o Einstein. Eu comecei a estudar o tema de acreditação hospitalar e fui procurar a formação de padrão internacional da JCI[1]. Levei a ferramenta de qualidade e segurança para o meu hospital e fizemos a acreditação. Foi o primeiro hospital de Minas e o 16º no Brasil a receber essa certificação externa sobre boas práticas. Só que na minha realidade as pessoas entendiam isso como título para colocar na parede, não como uma mudança de cultura que faz o hospital realmente ficar diferente."

O caso fez com que Helidea repensasse sua participação na sociedade, onde era a única mulher entre nove diretores. Sem muitas opções na cidade, onde morava com o marido e os dois filhos, tornou-se diretora de um hospital público e fez vários cursos de gestão até ser convidada para assumir o cargo de subsecretária de Políticas e Ações de Saúde do governo estadual. Ela viu no convite uma oportunidade para cumprir os propósitos em que acreditava e se mudou para Belo Horizonte. "Foi uma experiência riquíssima. Aprendi gestão pública e apliquei tudo que eu tinha aprendido na

---

1. Joint Commission International, organização mundial de certificação de organizações de saúde.

teoria. Tive uma visão muito maior porque não trabalhava só para um paciente, trabalhava para o sistema." Passados os quatro anos de mandato, Helidea se desiludiu com a política e voltou para Juiz de Fora. Lá, passou por um processo de *coaching* malsucedido e resolveu tirar um período sabático. "Eu tinha feito mestrado em Lisboa e na época estava dando aulas na Fundação Getulio Vargas, no Rio de Janeiro. Pensei em dar aula só no sábado durante nove meses e depois pensar na vida." Antes de viajar a lazer, aceitou um convite para conhecer um hospital da Rede D'Or. Como voltou doente da viagem, foi atendida em um hospital da rede, o Barra D'Or, e se encantou com o que viu. "Eu disse para a dra. Marta Saavedra, que é uma liderança muito forte: 'quero entender como é que você fez esse hospital chegar no que eu acredito, porque ainda não conheço ninguém que tenha isso'. O que ela fazia lá era trabalhar a liderança." O resultado é que ela foi contratada e desde 2013 é diretora de Qualidade Assistencial da rede.

Além de sua atuação na Rede D'Or, Helidea é coordenadora acadêmica de cursos de curta e longa duração. Hoje ela mora e trabalha no Rio, enquanto o marido, que fez carreira como executivo em várias empresas, vive em Juiz de Fora. "Ele quis voltar e eu não. E eu gosto de viajar. Então viajo o Brasil inteiro e a gente se encontra no fim de semana." Dos dois filhos, o mais velho trabalha na área financeira em Nova York, onde mora com a mulher e o neto que é a paixão da avó. "Não quero outra vida. A melhor coisa do mundo é chegar nessa fase. Eu saí de férias só para poder ficar com o meu neto." O filho mais novo também se formou em medicina e mora em São Paulo. Helidea diz que, assim como ela, o estilo dos filhos é mais prático e menos emocional. "Eles são muito de resultado, tomam decisões com facilidade e têm uma maneira lógica de trabalhar. Um deles vive dizendo: 'mãe, eu não vou comprar essa briga. Eu escolho as brigas que vou comprar'." Mas existe uma diferença fundamental, ressalva ela, que se define como médica de formação e gestora de deformação: "Eu compro todas as brigas, até as dos outros".

PERFIL

Camila da Rocha Vaz

Atriz, empresária e mãe

"Quero ser atriz" era como respondia a menina Camila da Rocha Vaz à tradicional pergunta sobre o que queria ser quando crescesse. "Quando minha mãe me perguntava o que eu gostava e o que queria fazer quando fosse grande, eu nunca falei outra coisa", lembra ela. "Desde pequena eu punha toda a família sentada na sala e fazia uma peça. E todo mundo tinha que assistir". Como já tinha planejado o caminho profissional que seguiria, ela conta que deu todos os passos necessários para sua formação artística: "Eu fui juntando tudo. Fiz aula de dança, fiz aula de circo... Até que cursei a faculdade, me formei como atriz e fui trabalhar nos Menestréis, onde trabalhei por 23 anos como assistente de coreografia e direção". Ela se refere ao grupo Oficina dos Menestréis, criado pelo cantor e compositor Oswaldo Montenegro em 1991, cujo repertório conta com mais de 20 peças de teatro.

A carreira profissional de Camila como atriz e empresária sofreu uma reviravolta juntamente com a vida pessoal. "A partir dos Menestréis foi num crescente, foram aparecendo coisas para eu fazer... Só que eu sempre quis focar em criança e aí, quando me casei com o Pedro, eu puxei para esse lado infantil e criamos o Coruja EmCena, em que a gente faz apresentações teatrais e musicais para crianças." Ela vinha de um primeiro casamento que lhe deu a filha Sofia, hoje adolescente. A parceria com o segundo marido veio enriquecer também sua atuação artística. "Então juntou a música – o meu marido é músico de formação – e a minha parte de contracenar. Essa foi a ideia, juntar os dois. O foco dele maior é no Coruja SM, que cria soluções musicais para qualquer tipo de evento. Eu faço toda a produção com foco nas crianças. Ele vai trabalhar, faz as apresentações dele, e eu tomo conta de todo o Coruja EmCena."

A família cresceu com a chegada da Liz, hoje com 4 anos de idade, o que mexeu com a rotina agitada de Camila. "Eu ainda trabalho para os outros: continuo dando algumas aulas nos Menestréis, tem a minha parte como atriz e também faço um monte de coisas fora disso. Mas hoje em dia, para ir trabalhar para os outros, eu penso duas vezes, porque a gente tira energia do que é nosso, parece que não flui. Então, só pego alguma coisa fora se valer muito a pena."

Conversa com a Senses

Como construir apoios que ajudem as mulheres a cuidar dos outros sem descuidar de si mesmas é um dos temas debatidos pelas consultoras da Senses Patricia Giglio, conhecida como Pata, e Gracce Dorta com Cibele Arnaldi.

Cibele: Nesse contexto de rede de apoio, o que mais marcou na opinião de vocês?

Pata: Rede é vida. Neste mundo, não temos mais como sobreviver sem rede. Tem até aquela frase: "leva toda uma comunidade para criar uma criança". Então, não tem nada que a gente faça hoje que não seja interdependente, em especial para as mulheres. Eu não existiria sem a minha rede de amigas, que é uma coisa absolutamente necessária. Porque acabamos assumindo vários papéis e fatalmente as coisas dão errado, e precisamos ter com quem contar na hora em que o bagulho fica louco. Eu tenho muitos amigos, mas nos momentos de ajuda, é impressionante como a minha rede feminina me dá segurança. Tenho um grupo que se chama "o grupo das deusas", que é onde todos os problemas vão se resolver, até para aceitar que talvez eles não tenham solução. Às vezes é só para perceber que estamos exigindo demais de nós mesmos, que não estamos nos tratando tão bem quanto tratamos as outras pessoas. Às vezes é só para ouvir, para estar do lado. Essa rede feminina é o meu caminho de sobrevivência, é como eu vejo que conseguimos dar conta de tanto.

Cibele: Temos ainda um longo caminhar para desapegar daquele modelo patriarcal de que a mulher vai dar conta, de que ela precisa fazer tudo em casa e no trabalho. Rede de apoio vem para sustentar que precisamos de ajuda, seja profissional, seja pessoal.

Pata: E para lembrar que às vezes estamos querendo uma coisa que não existe, e que só uma suficiência é o que precisamos em alguns momentos. Nós sempre precisamos de um outro olharzinho compassivo para ajudar a perceber isso.

Gracce: Só complementando: nós somos seres relacionais O que dá significado para esta nossa rápida passagem pela vida são os nossos relacionamentos. Então, sem eles realmente é muito complicado a gente inclusive conseguir se reconhecer numa identidade daquilo que a nossa jornada nos torna diariamente. Também sou muito feliz por dispor de algumas redes de apoio, onde muitas vezes tenho me identificado com as forças arquetípicas da aranha. A aranha passa muito tempo tecendo justamente para que jamais lhe falte alimento. Mas é ali essa "minizona de conforto", vamos chamar assim, para a hora em que realmente o bagulho fica doidão. E há diversos momentos em que isso acontece. Eu estava comentando ontem com uns amigos que os últimos quatro anos para mim foram sucessões de *plot twists*. Nesse sentido, a minha disposição de estar sempre trabalhando minhas redes de apoio, sejam as antigas de sempre, sejam novas, me dá musculatura para continuar colocando a minha resiliência ao teste máximo. Muitas vezes, algumas outras pessoas não conseguem pensar fora da caixa de quanto é importante esticar um pouco mais a corda para poder perceber até onde as possibilidades dentro daquele núcleo estão realmente disponíveis, dispostas, permissivas. E aí de repente poder perceber o momento de migrar, porque se a vida é orgânica e perecível dentro desse aspecto, até mesmo as relações dispõem de uma data de validade. E é muito importante que a gente ouça esses ciclos para que evite se expor demasiado, porque aí há sofrimento. Por isso, acredito demais na rede de apoio. Eu olho para muitas coisas hoje sob o aspecto de que amanhã ou depois pode acontecer de eu não ter mais a minha família, ou a minha família não ter mais a mim, mas haverá pessoas que desempenharão esse papel para a minha família direta ou indiretamente. E dá aquele quentinho no coração porque, de certa forma, isso tudo gera um lastro existencial. Quer dizer, amanhã, quando eu não estiver mais aqui, os meus fragmentos de consciência registrados numa obra literária – como o outro livro de que eu estou participando e este que estamos discutindo agora – vão gerar esse lastro. As pessoas que estiveram presentes na minha vida também vão gerar esse lastro existencial e afetivo em que também vai ter o contato físico ou a partilha das memórias que podem ajudar as pessoas a não sentirem tanta falta, tanto pesar. E que fique para cada um de nós a parte boa do que os relacionamentos proporcionaram.

Cibele: Vocês estão falando de uma rede de apoio que não é necessariamente a família. Acho isso muito legal, porque muitas das mulheres que estão no livro falam da importância da rede de apoio na família. E vocês trazem esse complemento, a rede de apoio não só feminina, mas essa rede de relacionamento. Isso também é dar um passo além quando se fala de estarmos nesse mundo mais conectado, porque senão nós esgotamos a rede familiar. Assim como estamos esgotadas, também podemos esgotar a rede familiar.

Pata: A teia tem que ser maior, não é?

Cibele: Sim. A rede sustenta, mas também tem que impulsionar. O movimento que sustenta também tem que projetar.

Pata: Li uma pesquisa sobre as diferenças da liderança masculina e feminina, apontando de onde vinha esse *gap*. Um dos aspectos que me chamaram a atenção é que geralmente o *networking* dos homens é planejado incluindo as pessoas-chave de que precisam para fazer seu plano acontecer, e o *networking* das mulheres é mais genuíno. Uma mulher interrompe alguma coisa para ajudar alguém que está precisando... É mais desinteressado, no sentido de não fazer parte de uma estratégia para subir na carreira. Então, a mulher tem uma disponibilidade para acolher e conectar e ajudar todos que estão à sua volta. A mulher tem um lugar mais amplo do que suas responsabilidades – claro que com suas exceções.

Cibele: Isso vai definir o nosso estilo de liderança, a forma como criamos os relacionamentos, a forma como nos projetamos e como vamos construir as redes. E é legal olhar esse cuidar, porque o olhar feminino está na sustentação mesmo. Não adianta só eu estar bem.

Pata: É muito essa coisa do "problema meu". Para a mulher, tudo é "problema meu"; a mulher assume a responsabilidade em muito mais coisas.

Gracce: Esse recorte traz a lucidez da diferença de terminologias que utilizamos hoje quando falamos de marketing de relacionamento: a diferença entre *networking* e *netweaving*. Os homens são mais adeptos do *networking* porque eles têm a estratégia mais direcionada para o dinheiro, a produção de relacionamento para fomentar a grana. Mas quando se fala de *netweaving*, é uma conexão com propósito, em que o relacionamento é profundo, em que há as vulnerabilidades, essa forma que é natural de a gente olhar, de cuidar, de trazer, de acolher, de poder perceber qual é a diferença que vai impactar naquela relação ou naquelas relações dentro daquela comunidade, daquela célula, é muito interessante. Voltando para o recorte anterior: para evitar esses desgastes, eu vejo isso muito parecido com o processo respiratório, que é alusivo ao movimento universal, em que precisamos contrair quando estamos com saudade, ficamos juntinho, trocamos ideias, compartilhamos. Mas, para evitar o desgaste, precisamos expandir, ir para a vida, experimentar, nos aventurar, trazer novidades, até para que também sintamos saudade das pessoas e o tempo seja o máximo possível, interessante – e não só interesseiro. Então, o estar interessado pela vida faz com que a gente seja mais interessante para essas relações. E aí as contribuições são mais ricas nessas trocas relacionais.

Cibele: Vocês já estão trazendo dicas de como construirmos nosso *network*, como usarmos a rede no melhor dos sentidos, não só do "venha a mim", mas também com essa contribuição de devolutiva para não esgotar as relações, de ampliar a rede além da família, de construir. Na semana retrasada, eu assisti a uma palestra da Danny Zuko, que contou que viveu no Japão por um período. Ela disse que estava no metrô lotado quando viu crianças de 5 ou 6 anos esperando o trem sozinhas. Como brasileira, ela pensou: "cadê o pai, cadê a mãe? Quem que está cuidando dessas crianças?". É que, no Japão, todo mundo é responsável por todas as crianças. Isso significa que se a criança tem que chegar no ponto B saindo do ponto A, todo mundo tem que ajudá-la a entrar no metrô certo, na linha certa e falar para ela: "você vai descer aqui", aí lá fora vai ter alguém que vai acompanhar... Então, é normal que se encontrem crianças sozinhas. O que para nós, na nossa cultura, parece um abandono, lá não, porque todo mundo é responsável. Fiquei pensando que rede de apoio é vivermos nessa comunidade. Esse é um aprendizado que talvez a liderança feminina, por termos essa intuição ou sermos genuínas, pode ser um caminho para levarmos para a liderança geral. Assim, pensando no que a gente vive dentro da Senses como consultoras e líderes e pessoas atuantes, o que poderia ficar de orientações?

Pata: Lembrando dos meus aprendizados, da minha história de vida, destaco a importância dos pedidos e das ofertas, de aprendermos a pedir quando precisamos e também poder ofertar quando temos algo a oferecer. Todos precisamos uns dos outros. É o conceito da suficiência, de trocar um pouco esse lugar da perfeição e da abundância pelo suficiente: o que eu posso agora? Outra coisa: quando pensamos em alguém para quem faríamos qualquer coisa, a quem ajudaríamos, é sempre um amigo ou um filho. E que tal ser você mesma essa pessoa? Sempre brinco que eu devia ser tão legal comigo quanto sou com as minhas amigas e com a minha família. Gastar um pouco desse aconchego que eu ofereço para todo mundo, dar uma cotinha para mim mesma. E falar: "hoje não vai dar, hoje é só isso que tem..."

Cibele: Marcar uma conversa com a gente mesma, não é?

Pata: Inclusive ter a coragem de adiar uma conversa quando eu não estou em condições de ter uma conversa. Se permitir esse lugar, dar para mim a permissão que eu dou para os outros.

Gracce: Muitas vezes nutrimos uma rede de apoio e tudo mais, mas percebemos que no final das contas tudo cai sobre a gente, absolutamente tudo. Hoje eu atendi o técnico da internet de pijama. Pensei: "é o que tem para hoje". Obviamente, pedi desculpas porque meu humor não estava aquela Brastemp logo cedo. Mas é um exemplo de procurar ser verdadeiro. Quando entramos em palco para facilitar uma dinâmica ou uma palestra, queremos passar a perfeição para as pessoas. Até porque, principalmente no meio corporativo, isso é cobrado, de nós pregarmos o bom, o correto, o perfeito. Mas não somos assim o tempo todo. Tem dias em que precisamos entregar um assunto relativamente denso, mas também estamos densos. Teve um dia em que me encontrava nessa densidade. Quando expus essa vulnerabilidade nos *disclaimers* de abertura do encontro, foi muito mais interessante a resposta do que se eu tivesse tentado vestir uma máscara. Acredito que o maior termômetro para tudo é a nossa percepção individual quando ficamos satisfeitos com aquilo, sem toda essa autocobrança, sem aquele chicotinho. E não precisamos disso, precisamos só ficar com a nossa percepção mais aguçada para entender realmente o *timing* das coisas.

Cibele: Ficar atenta ao que está nos rodeando é um belo um exercício.

Gracce: Quanto mais presente estivermos, melhor será o resultado dessa entrega verdadeira, e esse propósito acaba se revelando para nós. Então, não tenha medo de ser vulnerável. Nos ensinaram lá atrás que vulnerabilidade era uma fraqueza, mas eu acredito que acaba sendo um grande porto seguro, principalmente quando se fala de construção da rede de apoio. Não dá para construir uma rede de apoio com alicerces sólidos sem ser vulnerável. Hoje, onde eu não puder ser verdadeira, onde eu não puder ser eu mesma, ali vou economizar meu tempo, minha energia e minha vida. Porque muitas vezes não prestamos atenção de que é um investimento de tempo, de dinheiro e de vida.

Cibele: E passa muito rápido, não é mesmo?

Pata: Atualmente falamos tanto de segurança psicológica... Outro dia me dei conta que eu precisava estabelecer a segurança psicológica dentro da minha cabeça, na minha relação comigo de aceitação, de permissão, do quanto devemos aceitar essa vulnerabilidade. É dar essa permissão de a gente só ser, de criar um ambiente seguro também dentro de nós.

7

Educação e legado para as próximas gerações

As mulheres compõem mais da metade dos 120 milhões de crianças e jovens em todo o mundo que estão fora da escola mesmo com idade para frequentá-la. Dos 774 milhões de adultos analfabetos no mundo, 64% são mulheres. Esses dados da Unesco[1] revelam com clareza que a educação é uma arma poderosa para que a humanidade consiga eliminar as diferenças de gênero. A igualdade de gênero e a não discriminação são princípios de direitos humanos, assim como objetivos de desenvolvimento humano e sustentável da ONU. Em 2008, a Unesco designou a igualdade de gênero como uma de suas duas prioridades globais. No âmbito da Agenda 2030 para o Desenvolvimento Sustentável, a organização estabeleceu entre seus objetivos "alcançar a igualdade de gênero e o empoderamento de todas as mulheres e meninas (Objetivo de Desenvolvimento Sustentável 5), estabelecendo vínculos claros com a educação inclusiva, equitativa e de qualidade (ODS 4)".[2]

---

1. Conforme pesquisas divulgadas entre 2013 e 2015 citadas na cartilha "ONU Mulheres", de 2017, disponível em https://www.onumulheres.org.br/wp-content/uploads/2016/04/cartilha_ONU_Mulheres_Nov2017_digital.pdf
2. "Educação e Gênero", documento do Sistema de Tendências Educacionais na América Latina (Siteal), da Unesco, disponível em https://siteal.iiep.unesco.org/pt/eje/educacion_y_genero

As histórias de vida que preenchem este capítulo comprovam a importância da educação para a formação da família, a inclusão de minorias, o desenvolvimento na carreira e o atingimento dos objetivos das mulheres. Todas elas souberam conjugar o verbo "educar" em seus diversos sentidos. E agora, com boa parte da jornada cumprida, estão em condições de avaliar a evolução da luta das mulheres até aqui e projetar o caminho que elas devem e podem seguir.

'Como vai ser esse novo equilíbrio?'

A avaliação que a médica **Helidea Lima**[1] faz da própria trajetória pode servir de epígrafe para toda uma geração: "Quando a gente olha para trás, a gente vê que está bom. Mas não foi tão fácil assim, foi bem suado conviver com o mundo masculino. Foi um grande desafio, e ainda é". Ela parte de um exemplo familiar para ilustrar seu raciocínio sobre "a geração de agora": "Meu filho e a mulher trabalham na mesma função, com finanças, em Nova York. E ele divide a educação do meu neto com ela – não ajudando, mas dividindo a responsabilidade mesmo. Porque antes os homens 'ajudavam' as mulheres, e as mulheres reproduziam aquela situação. Eu tenho uma irmã e quatro irmãos homens. Meu pai falava: 'levanta e busca a sobremesa', e eu respondia: 'mas por que eu?, por que não um dos meninos?'" Porque buscar a sobremesa é tarefa de mulher, era a explicação que recebia. "Quando eu quis tirar carteira de motorista, ouvi de novo: 'mas por que você quer dirigir se isso não é tarefa de mulher?'".

Ela se recorda da época em que as mulheres eram minoria nos cursos de medicina. "Na minha turma já havia um número expressivo de mulheres, mas as professoras eram poucas ainda." Helidea sabe que essa realidade está mudando de forma acelerada, tanto que a proporção está em vias de se inverter, com as mulheres passando

---

1. Perfil na página 188

a compor a maioria da classe médica.[1] Em sua opinião, o fenômeno vai recombinar as relações: "O ritmo dessa mudança me preocupa, porque se as mulheres estão se fortalecendo e assumindo esse papel, o homem está se acomodando. Muitas vezes, ele acha bom ter uma mulher nesse patamar de liderança, de independência financeira. A gente está vendo quase uma inversão, só que a mulher ainda tem uma necessidade emocional de parceria muito grande", pondera. Ela demonstra inquietação: "Como vai ser esse novo equilíbrio? Não pode ter uma pessoa que faz e a outra que usa dessa experiência de ter um líder. A gente não sabe ainda como dividir os papéis de liderança complementares que a gente vai ter a cada momento. Acho que esse é o segredo".

Com dois filhos homens que já formaram a própria família, Helidea tenta instruir as sobrinhas e noras sobre o potencial feminino. "Eu falo que elas não podem ser dependentes do marido. Aquela vida em que a gente só esperava casar e depender do homem não existe mais. A mulher tem que ter o espaço dela e educar os filhos entendendo o que é essa igualdade." A nova realidade independe do gênero das pessoas envolvidas, explica ela: "Estou falando de homem e mulher porque a minha realidade é essa, mas os papéis têm que ser compartilhados em todas as formas de casal – dois homens, duas mulheres... O resultado é dos dois".

'Ainda temos muito que fazer para mudar o ambiente sexista nas organizações'

A profissional de recursos humanos Fernanda Chilotti[2] chama a atenção para o descompasso entre a realidade das organizações e o discurso que permeia a internet: "Entendo que várias ações fizeram

1. "Em 2024, número de mulheres médicas será maior que o de homens pela primeira vez no Brasil, diz pesquisa inédita", reportagem publicada por O Globo, em 8 de fevereiro de 2023.
2. Perfil na página 71

o mercado de trabalho evoluir nos últimos tempos, mas esse ambiente ainda é muito masculino, sexista, misógino". Tendo acumulado experiências em mais de 20 anos no mundo corporativo, ela cultiva certo ceticismo: "Quanto dessa filosofia de equidade de gênero dentro das organizações efetivamente aterrissa dentro dos ambientes?". Para Fernanda, precisamos ficar atentos para o que está além das redes sociais. "O que os algoritmos nos bombardeiam todos os dias pode nos entorpecer e fazer com que a gente ache que progrediu, que está tudo ótimo. A verdade é que ainda temos muito que fazer", completa.

> **"Agora as mulheres têm voz e pedem para também estar nos espaços de poder.**

É difícil ser otimista quando se trata na ocupação de espaços pelas mulheres, afirma a jornalista Mariana Belmont,[1] que estuda políticas públicas e defende causas ambientalistas e periféricas. "Existe uma exposição e uma pressão maior da sociedade, mas ainda é questionável o espaço ocupado na tomada de decisão, na chefia. E a gente vê uma escalada de violência contra as mulheres. Os dados de feminicídio são terríveis." Ela dá como exemplo a representação feminina no Congresso Nacional, que aumentou, mas em taxas menores do

---

1. Perfil na página 219

que em outros países: "O resultado é o aumento da violação e retirada de direitos das mulheres, como no debate sobre o aborto. Até o casamento homoafetivo se encaixa nisso". De todo modo, as vozes femininas estão se fazendo ouvir de alguma maneira nos espaços de poder, concede a ativista. "Me parece que os homens brancos estão muito assustados com essa pressão toda porque agora as mulheres têm voz e pedem para também estar nesse lugar. Acho que está longe de ser bom, mas estamos caminhando."

Como colaboradora do Geledés – Instituto da Mulher Negra, Mariana está muito ligada às necessidades das mulheres negras. "A situação delas é de extrema vulnerabilidade, de falta de renda, de falta de moradia, de falta de apoio. Elas formam a maioria, a base da pirâmide. Não têm trabalho, não são recolocadas no mercado de trabalho, sofrem violência obstétrica..." Mariana invoca sua condição de mulher branca para situar a discussão: "Quem inventou o racismo e o machismo não foram nem as mulheres nem as pessoas negras. Então, nós pessoas brancas temos um papel importante primeiro de nos reconhecer como brancos e depois de nos colocarmos a serviço de uma intelectualidade que o colonialismo brasileiro não nos deixou enxergar. Eu acho que a gente precisa estudar mais, ler mais, ouvir mais e ficar à disposição de uma luta, de um conflito que foi a gente mesmo que criou".

Ela estende o foco da luta antirracismo para o combate ao machismo e à degradação do meio ambiente. Mariana foi a organizadora do recém-lançado livro "Racismo Ambiental e Emergências Climáticas no Brasil".[1] "Várias pesquisas mostram que as pessoas mais afetadas pela crise climática são as mulheres e as crianças negras periféricas, pela falta de infraestrutura do local onde moram e da falta de adaptação aos desastres climáticos. Mães solo que moram sozinhas e com seus filhos têm a casa derrubada pela chuva e sofrem com a falta de saneamento que provoca doenças."

---

1. São Paulo, Instituto de Referência Negra Peregum e Oralituras Editora, 2023.

Mariana diz que sua atuação como ativista social é cansativa, mas compensa. "Eu aprendo muito acompanhando os movimentos das organizações negras. É importante olhar para a história e ouvir e agradecer pessoas muito importantes que são referência. Foram elas que construíram políticas públicas de defesa que fizeram a gente avançar. Vários direitos sociais só são possíveis hoje porque várias dessas mulheres puderam enfrentar isso."

'Vem aí uma geração de embate'

"A gente está capinando o mato para a galera nova chegar." Quem lança a frase é a gestora de recursos humanos **Priscila Paula**[1], líder do time de Cultura e Pessoas da C&A. Integrante da chamada geração Y, que inclui os nascidos nas décadas de 80 e 90 do século passado, ela prevê que a geração Z, nascida a partir da virada dos anos 2000, já está encontrando um ambiente "mais tranquilo, porque a minha geração se lascou para construir esses espaços, fazer a inclusão, trazer pessoas mais diversas para essa galera entrar". Ela observa que os jovens que estão chegando agora aos postos de trabalho formam uma geração de embate, que não aceita trabalhar além do horário sem justificativa nem seguir ordens cegamente. "Eles perguntam: 'para que eu tenho de entregar essa planilha, o que ela vai impactar no negócio?'" Priscila afirma que os atuais líderes têm de estar prontos para responder a questões como essa, até porque o choque de expectativas tende a aumentar. "Se a geração anterior, a X, já reclamava da minha, que ainda tinha uma linearidade de pensamento com ela, imagina agora."

1. Perfil na página 162

'Aprendo todo dia com os jovens da minha equipe'

O conflito de gerações não precisa ser necessariamente negativo, segundo o ponto de vista da engenheira agrônoma **Marta Mika Kokubo**.[1] Para ela, a chegada de gente mais nova só contribui para a construção de um mundo melhor. "Muitas pessoas criticam os jovens de hoje. Dizem que são descomprometidos, que não são apegados, não têm a mesma responsabilidade. Eu já acho que eles são muito melhores do que a minha geração, desde que você saiba trabalhar bem a equipe, valorizar as pessoas e respeitar suas particularidades. Na minha equipe há várias meninas que já são mães." Ela revela que se sente "completamente engessada" em comparação aos jovens de seu time, que teriam uma visão ampliada da situação. "Eu aprendo todo dia mesmo com esse radicalismo deles."

'Se não tocar dentro de nós, não existirá mudança pessoal nem corporativa'

Formada em recursos humanos, **Isabele Quirino**[2] se baseia em sua experiência pessoal para apoiar a tese de que o racismo integra a estrutura do país. "A empresa é feita por pessoas que são as mesmas que compõem a sociedade, que têm poder político, que criam as novas gerações, que influenciam pessoas... não dá para isolar." Mulher negra, ela acompanha com atenção a forma como o mundo corporativo vem tratando a questão étnico-racial: "Eu vejo avanços, mas ainda há muito trabalho pela frente. Porque a empresa é a sociedade operando num CNPJ, nós somos uma amostra da sociedade. Na ausência desse trabalho fora, cabe ao corporativo tratar essas temáticas. Porque é uma dor real. A nossa sociedade cresceu com base

---

1. Perfil na página 214
2. Perfil na página 103

em todos esses 'ismos': racismo, machismo, misoginia, homofobia, etarismo, capacitismo".

Para ela, entender o que houve no passado é uma etapa fundamental para se compreender o presente: "As pessoas eram sequestradas das suas terras e trazidas para serem escravizadas aqui, desprovidas de alma ou de essência, desprovidas do título de humanos. A gente tem que dar esse respeito aos que vieram antes, às lutas dos nossos ancestrais". Em outro contexto, as conquistas são mais recentes. "Até pouco tempo atrás, a mulher tinha que ter a assinatura do marido até para conseguir um empréstimo." Em sua opinião, a mudança de atitude deve partir de dentro de nós. "Se não tocar aqui dentro, não vai existir mudança nem no pessoal, nem no corporativo. Para o futuro, a gente precisa beber de outras fontes, entender da neurociência, entender de psicologia, de psicologia social."

Isabele informa que o aprimoramento dos métodos de inclusão de grupos sub-representados faz parte de seu trabalho. "Eu acredito que a mudança pode acontecer quando começo a olhar os meus processos com essas lentes. Parto do princípio que o processo já está excluindo, mas ele inclui ou exclui quem?" Ela diz que não basta contratar representantes das minorias: "Não é só trazer pelo número, mas trazer para ficar e para crescer. Não é trazer uma pessoa com deficiência, um negro, mas trazer um profissional muito bom no que faz e que, veja só, é uma pessoa com deficiência, é uma mulher negra". Para tanto, é necessário adaptar os mecanismos de captação e desenvolvimento de pessoas. "Este é o poder do corporativo: pensar nos processos e adequá-los para abarcar essas pessoas e mitigar o que a gente já vai fazer naturalmente."

‘Precisamos olhar em volta e ver que só há pessoas brancas, cis, hétero padrão’

“Estamos no caminho certo, porém caminhando bem devagar”, afirma a gestora de recursos humanos **Luuk Luana**.[1] Na condição de mulher trans e parda, ela considera que os movimentos de combate ao sexismo e ao racismo nas organizações se encontram em estágios diferentes. “Acho que os dois estão correndo na mesma direção, mas, para ser objetiva, hoje a luta racial está ganhando mais força.” Ela destaca a importância de haver empresas e consultorias formadas por profissionais pretos e pardos, assim como elogia os programas com vagas afirmativas para pessoas pretas e pardas. No entanto, ressalva que ainda falta avançar na qualidade das vagas. “A gente vê essas pessoas ainda na base, como estagiário, como assistente, como analista... Você não vê em cargos de confiança, como gerente, gerente executivo – isso até existe, mas não é comum.” E convida os responsáveis a promoverem a inclusão de forma prática: “Tem pessoas pretas como estagiários no seu time? Beleza! Então, vamos desenvolver essa galera?”. Luuk reforça que a luta pela igualdade deveria ser mais abrangente. “Quando se trata de vagas afirmativas para mulheres, será que isso inclui mulheres pretas, mulheres pretas e trans, mulheres pretas e trans e com deficiência?”

Se o foco recai sobre a questão de gênero, ela não é menos incisiva: “Depois de quantos anos as pessoas trans conseguiram ter direito ao nome social? Só em 2019 foi aprovada a lei que permite que a gente mude de nome no cartório. Hoje estamos lutando, por exemplo, para poder usar um banheiro público, para a gente não ser retirada de um banheiro feminino no shopping. Como é que eu vou falar sobre um nível acima se não tenho acesso ao banheiro?”. Ela faz um inventário das violências cotidianas por que passam as pessoas trans: “Não temos acesso à educação, porque a gente é retirada

1. Perfil na página 101

“

Quando se trata de vagas afirmativas para mulheres, será que isso inclui mulheres pretas, mulheres pretas e trans, mulheres pretas e trans e com deficiência? - Luuk Luana do ensino médio por conta do *bullying*, da violência, das agressões, dos assassinatos. Hoje o Brasil é um dos países que mais matam pessoas LGBTQIAPN+. Então a gente está falando hoje de sobrevivência, de direitos civis".

Com o conhecimento de alguém que já liderou projetos de diversidade, criou e conduziu programas de desenvolvimento profissional e liderança, ela sabe que, para aumentar a inclusão, a sociedade precisa evoluir em termos de políticas e leis que protegem e viabilizam a existência das pessoas trans. E conclama outros agentes a participar: "Por que não procuramos na internet o que é pronome, o que é gênero, o que é sexualidade? Por que a gente não fala sobre isso na roda de amigos? As pessoas aliadas precisam fazer aquele exercício do pescoço de olhar para o lado e ver que só tem pessoas brancas, cis, hétero padrão... Se elas também se incomodarem e promoverem a mudança, vamos todos falar sobre o assunto e conscientizar mais pessoas".

'Com a arte, mostramos coisas importantes para as crianças de forma lúdica'

Se a educação é a chave para mudar a sociedade, essa chave pode ter vários formatos. No caso da atriz e empresária teatral Camila da Rocha Vaz,[1] educar assume a forma de representação artística: "A arte tem a função de mostrar para as crianças coisas importantes de uma forma lúdica. É uma educação cultural que eles não têm, porque a cultura leva muito para esse lado diferente do que eles estão acostumados". Uma das peças que seu grupo Coruja EmCena leva para as escolas, na maioria da rede pública, apresenta mulheres brasileiras importantes e praticamente desconhecidas dos alunos. "A Chiquinha Gonzaga, por exemplo, fez a primeira marchinha de carnaval, 'O Abre-Alas', foi a primeira mulher a reger uma orquestra e a tocar numa roda de samba numa época em que só tinha homens

---

1. Perfil na página 190

lá. A Cecília Meireles, que todo mundo enxerga como poeta, abriu bibliotecas infantis – quer dizer, ela fez a diferença para as crianças. Outra foi a Celly Campello, que começou a cantar com 5 anos de idade. Então a gente mostra, através de mulheres maravilhosas, como elas conseguiram um espaço dentro desse mundo machista."

Ela atesta que a arte é um meio eficaz para ensinar, mas a mensagem não pode ser imposta: "Não adianta dizer para o menino respeitar a menina. É melhor falar: 'você vai respeitar sua amiguinha porque ela também vai te respeitar'. Então é isso que a gente tenta passar para as crianças, porque em casa eles não veem isso. É desesperador!", desabafa. Para ilustrar, Camila relata uma cena baseada na música "O cravo e a rosa" em que bonecos discutem no palco. "Nessa hora a gente para e pergunta para a plateia: 'então, crianças, como faz quando a gente quer falar alguma coisa para o outro?' Certa vez, em uma escola da periferia, uma menininha gritou: 'dá uma porrada na cara...' Para ela, essa era a forma de resolver, dá uma porrada e está tudo certo." A artista conta que a solução encontrada na hora foi parar o espetáculo e conversar com as crianças sobre como resolver a disputa sem apelar para a violência. E esse não foi o único relato de abuso que Camila ouviu em anos de apresentações em bairros distantes. "A solução do tapa na cara da mulher é muito comum, mas há muitas famílias legais também." Outra característica é que a mulher tem de ir à luta para sustentar a família. "Provavelmente a bisavó dessa menininha não era igual à minha bisavó, que ficava em casa enquanto o meu avô ia trabalhar. A bisavó dessa criança já trabalhava, porque lá na periferia tanto faz, a mulher e o homem sempre tiveram que trabalhar e deixam a criança com 4 meses na creche."

‘A chave para mudar a minha vida foi a educação’

“Hackear o sistema” é a expressão que a gestora financeira Leticia Souza Tavares[1] usa para definir a forma como uma jovem da periferia pode alcançar um espaço digno na sociedade. Principalmente para alguém como ela, cujos pais tiveram pouco acesso à educação. “No ensino médio me perguntaram que faculdade eu queria fazer. Foi aí que eu soube que poderia continuar estudando, e aquilo mudou a minha vida.” Ela conta que passou a entender que a educação poderia fornecer os subsídios necessários para que ela pudesse chegar a outro patamar na vida. “Eu entendi que não tinha experiência e pensei: ‘como posso ter uma formação mínima para conquistar meu sonho de trabalhar em uma organização social?’ Então, naquele momento, fazer um curso técnico de gestão de pessoas foi algo realmente estratégico, para que eu pudesse ter uma formação mínima e poder ganhar melhor.” O salário mínimo que recebia como operadora de telemarketing era a conta certa para pagar a faculdade. Mais tarde ela estudou finanças e hoje ocupa o cargo de diretora executiva do movimento Pimp My Carroça.

“Essa formação me deu subsídio para a realidade do trabalho social que faço hoje em organizações. É muito importante entender de dinheiro no trabalho com minorias: onde é preciso investir?, quem é o público da organização?, qual é a necessidade principal desse público?” Morando no extremo sul da capital paulista, ela relembra que esse não foi um trajeto fácil: “Quando terminei a pós-graduação, eu ainda morava com meus pais. Eu podia ter escolhido sair de casa, porque o tempo que eu ficava nos transportes me custou muito caro, mas morar com meus pais me deu condições de investir meu dinheiro em educação. Eu considero que a chave foi a educação”. Além de fornecer conhecimento, a escola ajudou Leticia a circular por outros espaços da cidade e a conhecer outras possibilidades.

---

1. Perfil na página 216

"Começar a trabalhar cedo, depois fazer faculdade e sair da periferia e ir para o centro, tudo isso foi fazendo com que eu me relacionasse com outras pessoas e outros meios também." Trabalhando no Pimp e "em outros frilas", ela já cumpriu muito dos seus objetivos, incluindo um desejo antigo: "Os caminhos me levaram para outros lugares, e até consegui realizar meu sonho de fazer faculdade de sociologia e política", revela.

A convivência com pessoas mais jovens do que ela nas organizações sociais nas quais transita obriga Leticia a atualizar-se constantemente: "Trabalhar com a galera de 20 anos é completamente maluco. Eles são muito rápidos e fazem coisas que para mim não fazem o menor sentido. A forma como eles querem fazer a comunicação das atividades me obriga a pensar e entender o processo junto com eles: 'ah, nosso público se comunica assim? Então vamos fazer desse jeito...' Para mim, esses desafios geracionais são muito importantes".

PERFIL

Marta Mika Kokubo

Especialista em empresas familiares e apaixonada por orgânicos

Ao terminar sua formação em engenharia agronômica, Marta Mika Kokubo já tinha vencido vários obstáculos por integrar a minoria. Afinal, nos anos 90, a proporção era de cinco homens para cada mulher na Escola Superior de Agricultura Luiz de Queiroz (Esalq), da USP, instalada na cidade paulista de Piracicaba. "Eu saí superidealista, achando que poderia fazer qualquer trabalho que qualquer homem faz em campo, que é realmente puxado." Ela pôde testar essa tese em sua segunda experiência profissional, na divisão de sementes de milho híbrido da Cargill. "Dos 170 agrônomos no campo, só havia três mulheres – eu, a Maria Cecília e a Taís". Marta conta que foi uma época de aprendizado e muito trabalho pesado: "A gente montava vários campos experimentais, transportando sacos de semente de 20 quilos e sacos de adubo de 30. E eu pesava uns 45 quilos na época. Quem me ajudava era um amigo, depois que terminava o campo dele". Para evitar ser sempre a última a terminar a semeadura, ela concebeu uma estratégia. "Eu acho que as mulheres são muito articuladas, né? Então eu localizei a faculdade de agronomia mais próxima, procurei o professor da área de alimentícias, me apresentei como ex-Esalq e pedi uns estagiários." Foi assim que ela reuniu seis estudantes da cidade de Pinhal e os levou para a plantação. "Aí eu só falava 'carrega lá!, 'planta aqui!', e passei a ser a primeira a terminar o campo. Depois, eu falava para eles: 'agora, ajudem meu amigo'."

Até que, cansada da rotina extenuante, ela resolveu dar uma guinada – a primeira de uma série – na carreira. "Era realmente muito puxado, eu viajava 11 mil quilômetros por mês. Hoje os jovens pensam completamente diferente, mas naquela época havia um sentimento de parar e constituir família." Após sair da Cargill, Marta se mudou para São Paulo, onde começou a trabalhar na empresa de um amigo, colega acadêmico, que estava começando a operar na área dos orgânicos. "Era um trabalho, na verdade, de visitação de clientes comerciais. Porque eu sempre fui da área comercial", explica. "Mesmo na Cargill, quando eu trabalhava no campo, esse plantio também era voltado para uma apresentação comercial." Ela conta que se apaixonou pela cultura de produtos orgânicos, que se transformou em um princípio em sua vida, tanto como profissional quanto como consumidora.

Paralelamente ao desenvolvimento profissional, ela deu sequência a seu projeto de família. "Eu tive meu primeiro filho enquanto trabalhava nessa empresa. E me dedicar à carreira foi uma opção que eu fiz. Não quero dizer que hoje eu escolheria a mesma coisa, mas naquela época eu fiz essa opção e continuei trabalhando. Fiquei nessa empresa 19 anos. Foi bastante tempo, acho que eu deveria ter saído pelo menos cinco anos antes, mas eu sempre resgatava toda essa trajetória na maternidade com a vida profissional." Depois que veio o segundo filho, Marta "teve um estalo", como define sua decisão. "Em 2015, bem tardiamente, eu decidi parar e me dedicar exclusivamente à maternidade." Esse período como mãe e dona de casa em tempo integral durou menos de um ano. "Com a rotina da casa, você fica muito fora do mundo e comecei a sentir falta daquela vida profissional."

Marta voltou ao mundo do trabalho remunerado para pôr em prática suas maiores habilidades. "Percebi que tenho um perfil de excelência para trabalhar em empresas familiares e em empresas que estão nascendo." Nesse recomeço, ela foi contratada pela Orgânicos Capela da Penha, onde exerce a função de diretora comercial. "Comecei do zero, estava com muita energia porque tinha saído daquele período sabático. E a minha equipe toda veio atrás de mim, eles foram me procurando aos poucos. Era um time já preparado, em que a gente confiava." Em oito anos, a empresa cresceu muito, ela reforça: "Está bem grande, com sede em frente ao Ceagesp". Marta destaca que seu estilo de liderança se baseia no trabalho ombro a ombro. "Nunca me coloquei muito na posição de chefe. Eu sempre digo que sou facilitadora do trabalho deles. E efetivamente quem desenvolve a empresa é a equipe."

PERFIL

Leticia Souza Tavares

Multiplicando o tempo para gerenciar organizações sociais

"Eu não tenho vida pessoal. Priorizo completamente o trabalho, até pela alta demanda." Para esclarecer a frase acima, que pode chocar à primeira audição, a gestora financeira Leticia Souza Tavares recorre a dois fatores. O primeiro diz respeito ao enfraquecimento das relações trabalhistas, com a diminuição da proteção social para algumas categorias de trabalhadores. O segundo motivo é bem particular: "Tem um lugar que eu fui meio que criando, em que o trabalho também é uma fonte de prazer". Aliviar o peso da atividade profissional – e eventualmente até se divertir com isso – foi a solução encontrada por quem, nascida e criada em um bairro periférico na zona sul da cidade de São Paulo por pais operários metalúrgicos, começou a trabalhar por volta dos 14 anos.

A primeira ocupação de Leticia foi como recreacionista em escolas infantis. A essa altura, ela, que começara a estudar na rede pública, já estava frequentando uma escola particular à noite. "A empresa onde meu pai trabalhava custeava uma parte da mensalidade", lembra. "Minha mãe estudou até a sexta série e meu pai fez o colegial. Então, a meta para mim era pelo menos terminar o ensino médio." Como a menina que queria ser jornalista primeiramente e, depois, estudar sociologia e política, não passou no primeiro vestibular, o jeito foi arrumar um emprego como operadora de telemarketing. O salário era pequeno, mas dava para pagar um curso técnico – no caso, de gestão de pessoas.

Convidada por uma professora, tornou-se estagiária em uma consultoria que prestava assistência a expatriados. "A gente atendia várias empresas, fazia visto, alugava casa, arrumava escola, um montão de coisas..." Na época, essa professora, que também era dona da consultoria, queria se dedicar a treinamento e perguntou se a estagiária teria interesse em aprofundar seu conhecimento na área de recursos humanos e desenvolvimento de lideranças." Leticia faz questão de registrar o nome de sua mentora e inspiradora, que chegou a bancar seu curso de pós-graduação: Leliane Galan. "Aquilo que ensinava na teoria, ela fazia na prática na gestão comigo e com a equipe. Tudo era conversado, compartilhado, e eu tinha um lugar realmente para me desenvolver."

O passo seguinte fez com que Leticia realizasse um de seus sonhos, o de atuar no terceiro setor. Em uma das organizações não governamentais em que colaborou, viu praticamente o projeto nascer do zero. "Era a franquia de uma organização social bem conhecida, que já tem mais de 20 anos. Comecei a trabalhar no dia 1. Eram a fundadora, uma assistente social e eu no setor administrativo." Começou na administração, mas logo migrou para a área financeira. "Lá também foi um lugar muito importante no desenvolvimento da minha carreira. Eu me tornei gerente financeira e tive que gerir minha primeira equipe, com assistente, analista, estagiário... E vi a organização crescer: em sete anos, já éramos 30 funcionários."

Na ONG em que atua, Leticia chegou como gerente financeira e em pouco tempo se tornou diretora executiva. O Pimp My Carroça foi fundado pelo artista plástico Mundano, com o objetivo de dar mais visibilidade e promover a autoestima dos catadores de materiais recicláveis. "O Pimp era um movimento que tinha acabado de obter o CNPJ e ia receber o primeiro recurso, o primeiro milhão. Como eles não sabiam administrar o dinheiro nem fazer auditoria, eu fui contratada especificamente para esse momento da organização, que tinha cinco anos quando cheguei."

Graduada em gestão de recursos humanos, sociologia e política e com pós-graduação em jogos cooperativos, Leticia multiplica seu tempo em várias frentes de trabalho – como que justificando a frase que abriu este texto. Além de dirigir o Pimp My Carroça, ela assumiu recentemente a diretoria financeira do laboratório de jornalismo representativo Énois, presta consultoria como freelancer e ainda desenvolve projetos da Lei Rouanet. "Eu sempre trabalhei e estudei. Então, era acordar muito cedo, pegar dois, três transportes lotados, voltar para casa entre meia-noite e uma da manhã, jantar, tomar banho e dormir porque no dia seguinte estava acordada de novo às 6. Fácil não é. Continuo morando com os pais, trabalhando, acordando cedo e dormindo tarde, mas acreditando muito nesse lugar e realmente fazendo acontecer."

PERFIL

Mariana Belmont

Uma vida devotada a relatar conflitos ambientais e sociais

O interesse por causas ligadas a meio ambiente e território despertou muito cedo na vida da jornalista Mariana Belmont, quando ela ainda estava na escola no bairro de Colônia, onde nasceu e cresceu, localizado a mais de 30 quilômetros do centro de São Paulo. "Minha militância começa com as unidades de conservação. Já adolescente, fiz parte dos conselhos gestores das áreas de proteção ambiental [Apas] Capivari-Monos e Bororé-Colônia e ajudei na criação dessas duas áreas de conservação no extremo sul da cidade." Ela não abandonou as atividades comunitárias nem quando fazia faculdade de jornalismo, pois continuou morando no bairro. "Eu ficava na universidade, mas mantive uma militância ativa com algumas pautas ambientais e não deixei de participar das articulações no meu território."

O primeiro emprego de Mariana foi na Secretaria do Verde e do Meio Ambiente, onde permaneceu por cinco anos, inicialmente como estagiária e depois como efetivada. "Eu trabalhava uma parte do tempo no gabinete do secretário Eduardo Jorge e outra na UMAPAZ,[1] o que me deu a possibilidade de me aproximar da construção de políticas públicas e da mobilização entre sociedade civil e governo. Lá eu via o que dava para fazer com o executivo e o que dava para fazer com as mobilizações enquanto sociedade civil." A etapa seguinte na carreira veio com a contratação pelo ICMBio, do Ministério do Meio Ambiente, o que acarretou a mudança de cidade. "Aí eu mudei de São Paulo, saí do meu território e fui morar em Angra

---

1. A Coordenação de Educação Ambiental e Cultura de Paz, Universidade Aberta do Meio Ambiente e Cultura de Paz, conhecida como UMAPAZ, oferece atividades e cursos de educação ambiental na cidade de São Paulo.

dos Reis, onde virei secretária executiva do Mosaico da Bocaina."[1] Por dois anos e meio, Mariana acumulou as funções de mobilizadora das comunidades tradicionais e coordenadora de comunicação, tendo relatado para o site do ICMBio e outros veículos os conflitos socioambientais que ocorriam na região. "Para mim, era difícil ser gestora, funcionária do poder público, e não me envolver na dinâmica da violação de direitos que existia ali no território, principalmente por conta do pré-sal", explica.

Mariana pediu demissão do cargo, juntamente com outros profissionais, quando houve a destituição da presidente Dilma Roussef. Ela, que ainda mantinha contato com sua região de origem como conselheira das Apas e integrante do coletivo Imagem,[2] voltou para trabalhar na Secretaria Municipal de Habitação. Encerrada a gestão, abandonou a área pública. "Aí eu embarquei de verdade, como trabalho remunerado mesmo, na sociedade civil, fazendo uns frilas e coisas parecidas." Em 2018, participou da organização do Instituto de Referência Negra Peregum, ligado ao movimento negro. Atualmente, desenvolve a área de meio ambiente e clima do Geledés – Instituto da Mulher Negra.

Paralelamente a sua atuação como mobilizadora social, Mariana manteve sua atividade de escrever sobre as lutas ambientais e raciais. "Eu sempre escrevi, mesmo antes de entrar na universidade. Escrever sempre foi o meu jeito de tentar organizar um pouco e formular a partir do que eu via das nossas construções coletivas. Foi a minha forma de me expressar e de colocar no mundo esse debate ambiental conectado muito com direitos humanos." Ela publicou artigos semanais na produtora de conteúdo UOL, foi editora convidada da revista *Diálogos Socioambientais: Racismo Ambiental*, da

---

1. Com área de 222 mil hectares, o Mosaico da Bocaina abrange 18 unidades de conservação da Mata Atlântica na região do Vale do Paraíba do Sul, entre os estados de São Paulo e Rio de Janeiro.
2. Imagem é um coletivo de artistas do bairro do Grajaú que realiza eventos culturais e debates para discutir arte, meio ambiente e a convivência nos espaços públicos.

Universidade Federal do ABC, e colabora com a Gênero e Número, organização de mídia especializada em equidade de gênero. Em 2023, organizou o livro "Racismo Ambiental e Emergências Climáticas no Brasil", publicado pelo Instituto de Referência Negra Peregum e Oralituras Editora.

Conversa com a Senses

As consultoras da Senses Sandra Maurami e Elis Pena debatem com Raquel Borges como as várias formas de educação são capazes de modificar a trajetória das mulheres.

Raquel: Como foi ler o capítulo e conhecer as histórias das mulheres que estão nele?

Sandra: O que mais me impressionou foi a história da Luuk Luana, porque mostra essa falta de perspectiva, que a educação é falha. As pessoas não sabem onde elas podem chegar, e a educação é o lugar onde se poderia mostrar isso para as pessoas. Porque essas pessoas de modo geral são de periferia, com pais analfabetos, como muitas outras histórias mostram. E foi no momento em que conseguiu o primeiro emprego que ela viu que poderia galgar e chegar a outros lugares.

Raquel: E ainda teve uma supermentora, não é?

Sandra: Sim. Ela precisou da "sorte" de encontrar uma pessoa, de encontrar uma empresa... E quantas outras pessoas não têm essa "sorte"? A grande maioria não tem e acaba desistindo. Na verdade, não é nem desistir, porque não chegam a ter consciência de que podem. Teve outra história que deixou isso muito claro, quando ela conta que os pais eram semianalfabetos. O objetivo dela era apenas terminar o segundo grau, porque não tinha perspectiva de ir além.

Elis: Me chamou a atenção quanto existe de camadas que vão compondo. Tem a camada, por exemplo, da geração: em qual momento da história essa mulher se formou, se educou e foi para o mercado de trabalho, porque nós aqui estamos numa geração em que a ideia de estudar não é esquisita – pelo menos não dentro do nosso recorte social. A gente sabe que ainda existe muita dificuldade de acesso à educação, mas já está mais facilitado para as mulheres do que foi uma geração atrás. Das mulheres que aparecem no capítulo, aquela que tem mais tempo de carreira é a Helidea, não? Provavelmente no período dela devia ser uma coisa muito menos comum do que é hoje. Tem o recorte de classe, depois tem o recorte de gênero mesmo, o fato de ser mulher já dificulta o acesso à educação. Quantas barreiras a Luuk, que é uma mulher trans, não quebrou para conseguir ter acesso às coisas que teriam outras pessoas cis? Então, é a camada do gênero no tempo histórico, na questão social, dentro da educação... Quanto essas pessoas demoram para conseguir ter acesso e se manter. Mas qual era a educação permitida a essa mulher? Mulher não podia fazer um curso que não fosse o magistério, que não fosse ligado a áreas de cuidado, como na saúde. Outra coisa que me chamou atenção é o que temos e o que fazemos com o que temos. Então, uma pessoa teve acesso a uma mentora e foi atrás. Outra pessoa viu a educação em casa e falou: "eu quero estudar, então eu vou atrás". Outra pessoa falou: "quero um lugar de liderança, vou enfiar a cara lá". O que é esse fogo que tem dentro dessas mulheres que não se acostumam nem se contentam com o lugar que lhes é dado? E como é que poderíamos pensar esse tema de uma forma otimista? Entre mim e minha mãe, que está com quase 80, há uma diferença de 40 anos. Ela tinha aula de bordado na escola. Enquanto os meninos faziam marcenaria, as meninas aprendiam prendas domésticas. Eu tenho uma afilhada de 16 anos em cuja escola existe uma liga de feminismo. No meu tempo de ensino médio, imagina, não se falava sobre o tema, nem pejorativamente. Eu tenho só 21 anos de diferença para minha afilhada e já vi um pulo gigantesco. Talvez o maior otimismo é ver que estamos acelerando coisas que demoramos para fazer.

Raquel: Uma pesquisa do Fórum Econômico Mundial sobre equidade de gênero indica que não estaremos mais aqui para ver o mundo equânime. E essa percepção de como as coisas estão evoluindo de forma mais rápida me faz ter o otimismo de pensar que talvez esse dado não esteja tão certo assim. Prefiro acreditar que podemos mudar essa projeção para melhor.

Elis: Não sei se isso está certo ou errado com relação ao tempo, mas o otimismo que me vem é de pensar na estrutura que está sendo conduzida. Talvez levemos 140 anos para chegar lá, mas com uma profundidade que realmente crie raiz. Não precisamos necessariamente correr, precisamos aprofundar. Essa geração mais acelerada é uma geração que está pensando, questionando e brigando. Só não sei se vai ser rápido, porque a gente ainda tem muita pedra para quebrar. A sementinha inicial do patriarcado está no momento em que nós, enquanto espécie, deixamos de ser nômades e passamos a "fixar a residência". A humanidade estava lá comendo a frutinha que caiu da árvore, matando os animais para comer. Quando acabava a comida, mudava de lugar. Nesse período, se entendia que mulher era uma divindade, porque de repente ela gerava filhos. Não que a mulher fosse adorada, mas era visto que ela tinha um poder, que era o poder de gerar. Até que a espécie descobriu que se botasse a semente da frutinha na terra, nasceria um broto e depois outra árvore. E que se desse tempo suficiente para aquela vaquinha, talvez ela tivesse um bezerro e aquele bezerro virasse outra vaquinha. Nesse período, começou a ideia de que se as pessoas permanecessem no mesmo lugar, conseguiriam construir e ter coisas. É o período em que se começou a botar cerquinha e falar "isso aqui então é a minha árvore", "isso aqui é a minha vaquinha porque sou eu que estou cuidando..." Mais ou menos nesse mesmo tempo, se entendeu que a mulher não gera filhos espontaneamente, começou-se a entender que ela precisa da participação do homem. E aí, o que aconteceu? Se começou a dizer: "essa semente que eu plantei vai ser a minha árvore, esse bezerrinho que nasceu é da minha vaca, esse filhinho que nasceu veio de mim. Para quem eu vou deixar a minha árvore e a minha vaca? Para o meu filho". E aí começou a noção da propriedade. Nessa brincadeira, a mulher virou propriedade também. Estamos falando da ideia do patriarcado, do começo da coisa do machismo, muito tempo atrás no período histórico. Por isso, acho quase inocente nós pensarmos em resolver a questão do machismo em 20 ou 30 anos – porque isso vem da história da humanidade. Eu não tenho a expectativa de ver a equidade completa, mas de ver muita coisa mudando. Eu sou de origem periférica, não tive referência de profissões de muito destaque. A minha mãe era um exemplo diferente porque trabalhou em banco durante 40 anos em um cargo de chefia. Eu ouvia as minhas amigas contando que as mães delas trabalhavam em casa, exercendo o trabalho doméstico e cuidando dos filhos. Aquelas que trabalhavam fora eram professoras ou secretárias da escola, no máximo enfermeiras.

Raquel: Eu acho que a percepção de equidade vai se ampliar na nossa bolha. Já vamos perceber muita diferença nos grandes centros, nos países mais desenvolvidos. Isso vai reverberar bem para ir fazendo cada vez mais mudanças. O desenvolvimento é exponencial. Demorou alguns milênios para haver alguma mudança e agora, de 70 anos para cá, nós percebemos uma mudança tão maior do que nos últimos 5 mil anos.

Sandra: Eu tenho uma visão positiva e negativa sobre essa questão da equidade. Se Deus quiser, ainda vamos ver muita coisa mudar ao ponto de ficarmos felizes. Vamos olhar para trás e ver que valeu a pena todo o esforço, toda a luta, toda a conversa, mesmo as conversas de boteco. Mas a minha outra visão sobre isso, um pouco mais negativa, está baseada no fato de que o nosso mundo tem muitos contextos, muitas estruturas diferentes. E olhando para todas essas diferenças, acho esperançoso demais pensar que o mundo todo um dia vai estar pareado. Sempre vai ter um lugar, uma região, uma sociedade com muito para trabalhar. Até porque a mudança de contexto traz novos problemas também. De certa forma, essa é a maravilha da vida. Eu olho para minha família e para a sociedade da qual eu vim e já vejo a quantidade de mudança que teve. A história da minha mãe é bem diferente da minha, graças a Deus. Ela foi uma mulher que começou a trabalhar com 11 anos de idade, teve o quarto ano primário apenas. Se ela hoje sabe ler e escrever é porque na adolescência foi instigada pelo meu pai a ler bastante revista, muito livrinho "Júlia". E eu cresci com a minha mãe dizendo: "estuda, porque o estudo é a única coisa que ninguém pode te tirar, nem Deus". Eu fui uma criança que foi empurrada a estudar. E é interessante que estudei uma boa parte da vida em escola pública. Quando eu estava na sétima série, falei que queria ir para uma escola melhor, e minha mãe disse que não conseguia pagar. E aí, com 15 anos, eu tomei a administração da casa, do dinheiro que a minha mãe recebia todo mês, para eu poder pagar uma escola particular. Foi aí que pude ver que eu podia fazer uma faculdade. Enfim, da história da minha mãe para a minha é um salto gigantesco, e de certa forma eu me identifiquei com as histórias das mulheres que também tinham uma estrutura parecida. Não tinham perspectiva, mas conseguiram galgar outros espaços na vida.

Raquel: Hoje nós falamos da educação durante toda a vida, o *life long learning*. Nas próximas gerações, até pela dificuldade de administrar o tempo, vamos dar valor cada vez mais para a educação não formal. A educação formal tem um lugar social e político fundamental, as mulheres têm de ocupar espaços nas escolas, faculdades, mestrados, doutorados, etc. Mas meu conselho é também valorizar o aprender com um livro, com um vídeo, com conversas, com o que se aprende fora do formal.

Elis: Falando em conselhos, pensei em dois. O primeiro é não fugir do desconforto. Não digo para a gente não se afastar de situações de violência, isso é outra coisa, mas para não fugirmos do desconforto. Ouvimos várias histórias de mulheres que tinham uma posição de liderança e a equipe não respeitava. Acho que isso faz parte de encontrar estrutura e desenvolver "casca grossa". A ideia não é deixar de ser quem se é ou tentar imitar características ou posturas que as pessoas acham que são mais masculinas. Também não acho que é fugir do conflito ou se afastar das situações que parecem mais difíceis, porque isso vai desenvolvendo estrutura para as coisas ficarem mais fáceis com o tempo. A outra dica é: encontre as pessoas em volta. A Sandra falou de sorte. Acho que sorte é o encontro entre um momento oportuno e uma abertura de olho. É necessário perceber quem está em volta, e não se espelhar só na liderança, na chefia. De repente tem um colega do lado, uma pessoa que traz uma coisinha, o que tem muito a ver com isso de buscar a educação não formal.

Raquel: Ter fome de conexão, ter sede de buscar coisas novas.

Sandra: Concordo plenamente, gente é muito maneiro. Essa fala da Elis tem um pouco a ver como nós enxergamos as coisas. Eu percebo que muitas pessoas tendem a enxergar as coisas como algo que precisa finalizar. Ou seja, tudo que iniciamos na nossa vida, queremos ter um resultado esperado no final, uma conquista, uma vitória. Fazendo uma analogia com os contos de fadas, é o "ser feliz para sempre". Então, nós tendemos a olhar tudo – relacionamento, emprego, estudo – com esse olhar de finalização. A sugestão que eu quero dar é quebrar esse olhar para as coisas como início e fim. Estamos em um caminho e encontramos uma pessoa que nos leva para outro lugar. Eu não preciso finalizar nada, eu tenho que caminhar e enxergar esse percurso como um caminho que vai me levar a algum lugar, a outro relacionamento, aonde vou chegar melhorada, com mais recursos, com mais ferramentas. A segunda dica é: questione as narrativas. Questione todas as narrativas que você traz, a maneira como você enxerga a vida e as relações. Questione essas narrativas.

Raquel: É o que a Leticia fez. Ela fala que tem que hackear o sistema. Ela saiu lá da ponta da zona Sul de São Paulo, quase uma cidadezinha do interior, e foi para o centro ter novas perspectivas e oportunidades, conhecer pessoas.

Sandra: Questionar as narrativas te leva à amplitude, porque você vai em busca de outras coisas, não fica pautado naquela narrativa como se ela fosse legítima, verdadeira e única.

Elis: Hackear o sistema, sair de um lugar superdistante e ir para o centro é bem importante. Mas não podemos esquecer nossas raízes também. Porque não é só sair do lugar e rejeitar de onde se veio. A sua história e a sua origem fazem todo o sentido, elas vão construir a base para onde você vai. Eu saí lá do fundo da periferia e fui estudar numa universidade elitizada. Fui, mas levei comigo a minha referência. Eu ensinei para uma colega, que nunca tinha visto um transporte público, o que era um Bilhete Único.

Raquel: Uma das grandes vantagens de viver na era da informação é termos a oportunidade de trazer muito do que temos de legado e aumentá-lo. Quando olhamos para dentro das nossas famílias, sabemos quem foram os nossos pais, sabemos um pouco da história dos nossos avós, às vezes dos bisavós e acaba ali. É muito raro quem sabe mais para trás. Temos que aproveitar essa era da informação para passar o que sabemos para as gerações futuras e não deixar eles perderem o que conhecemos lá de trás. A minha avó nasceu em 1940 e se formou em engenharia química em Portugal. Ela nunca atuou, não tinha espaço no mercado para uma mulher trabalhar como engenheira química, mas foi muito revolucionário uma mulher estar na faculdade de engenharia no final dos anos 50, início dos 60.

Sandra: Uma faculdade predominantemente masculina.

Raquel: Exato. Não era um curso de secretariado ou algo assim, não era um curso sobre cuidado, porque a mulher sempre teve muito esse lugar do cuidado, do ser professora, enfermeira. Era uma "hackeio" do sistema de alguma forma. Quanto a história da minha avó pode influenciar a minha sobrinha de 5 anos? Quanto o fato de eu comprar blocos de montar para ela vai fazer diferença nessa educação não formal?

Sandra: Quando a gente fala de conhecer as histórias dos nossos ancestrais, tem uma coisa que é: o que eu posso fazer com aquilo que eu tenho hoje? Então, é parar de olhar para nossa história e dizer "eu não tive isso, eu não tive aquilo, eu não conheço a história da minha família e nada". Sim, mas o que você pode fazer com o que tem hoje, com o que você sabe hoje? Isso tem a ver com se agarrar na sua origem. É o que você pode fazer com os recursos que você tem. Foi essa origem que lhe deu recursos, tenha você conhecimento das histórias ou não.

Raquel: E quando você olha para trás, é muito importante pensarmos no familiar, mas também além dele. A Camila Vaz, por exemplo, faz esse trabalho de levar para a escola histórias de mulheres que mudaram a história. Quanto podemos deixar de legado não só para quem vem depois de nós, na nossa família, mas para a sociedade como um todo. Para mim, valorizar histórias de mulheres é um pouco do propósito deste livro.

Sandra: Vou dar um exemplo dessa coisa de se agarrar à nossa origem. Meu avô não estudou, porque começou a trabalhar na roça com 8 ou 9 anos. Ele morreu aos 98, alguns anos atrás, sem nunca ter entrado em um restaurante, nem nesses simplesinhos de "coma à vontade". Ele nunca se sentou na mesa de um espaço para tomar um lanche, nada. Então, quando vou a um restaurante, sinto uma alegria no sentido de que hoje eu posso, e eu posso porque ele trabalhou pra caramba e porque minha mãe também teve que ralar bastante para que hoje eu possa me sentar no restaurante e comer. Então, tem a ver com honrar essa origem, de trazer ela com você.

Raquel: Até para perceber o quanto até o que pode parecer simples, tipo comer num restaurante, é revolucionário quando se pensa em perspectiva.

Sandra: Exatamente. E nós percebemos que, ok, não vamos ver todas as grandes mudanças, vamos morrer antes disso, mas e essa quantidade de pequenas mudanças que nem vemos como importante, como terminar os estudos, fazer uma faculdade? Hoje podemos fazer diferente do que os nossos avós fizeram.

nosso
muito
obrigada

Agradecimentos

Agradecemos às mulheres que contribuíram com seu tempo e conhecimento para este livro:

Adriana Figueiredo

Adriana Ribeiro de Morais

Alana Maria Moraes Silva

Ana Carolina Faleiros Steinhauser

Ana Carolina Tubertini Colli

Ana Cláudia de Souza

Ana Cláudia Landi

Ana Luisa Torres

Ana Paula Bautzer

Ana Tubertini Colli

Andrea Menezes

Anna Agostini

Barbara Duran

Bruna Farinelli

Bruna Marques Contini

Camila de Carvalho Correia

Camila da Rocha Vaz

Carolynne Bonfatti

Cássia Alvarez

Catia Mazzei Sturari

Cecilia de Lourdes Carolino Menna

Cecília Maria Righi Bernardet

Clarissa Marzullo de Oliveira

Cristina da Costa Melo

Cristina Mansberger

Cristina Melo

Cynthia Serotti

Cynthia Venancio da Silva

Dani Matos Faria

Duda Tenes

Eliana Moraes

Eliane Barreto de Sampaio Alves

Evelyn Inez Klein

Elis Pena

Emanuele Kirie

Érica Takano

Fernanda Carolina Mosselman Bahia de Araújo

Fernanda Chilotti

Fernanda Hattnher

Gisele Martins Boano

Giselle Estefano

Gladys Villas Boas do Prado Melo

Gracce Dorta

Helidea de Oliveira Lima

Inez Lemos Lopes

Isabele Quirino

Ivy Haralambos Bassoukou

Jacqueline Candida de Jesus

Jane Teixeira

Jaqueline Placeres de Araujo

Karen Dal Santo Leal

Karen Marino

Kátia Fernandes

Larissa Messias Romero

Leticia Souza Tavares

Ligia Miranda

Luana Suzina

Luciana Maria Estefam Chamon Silveira

Luciana Raulino

Ludmila dos Santos Guimarães

Luuk Luana

Magali Cristina Gomes Lopes

Maiara Quintanilha Estefano

Malu Quaggio

Marcela Schneider

Mari Petrosino

Maria Carolina Mendonça de Barros

Maria Célia Lima-Hernandes

Maria Teresa Gonçalves Simões

Mariana Belmont

Mariana Gottfried

Mariângela Petrosino

Marina de Arruda Camargo Danes

Marta Camila Mendes de Oliveira Carneiro

Marta Mika Kokubu

Milena Gomes Peccioli

Monique Desirée Ribeiro Rezende

Natália da Costa Coró

Nathalia Ianisky Cabrini

Olívia Bellotto de Moraes

Patricia Belasque de Brito

Patricia Giglio (Pata)

Patricia Medici

Patricia Menezes Santos

Paula Giannetti

Paula Schurt

Placida Mendes Correia da Silva

Priscila Mello D'Ambrósio

Priscila Paula

Rahmi Mohamad Abou Nassif El Majdoub

Renée Laufer Amorim

Roberta Canuto

Roberta Gonçalves Alves

Rochelli Kaminski

Sandra Cristina de Sousa Castello

Sandra Maurami

Sandra Quinteiro

Sonia Ballestero

Susy Carla Dias Ramos

Suzan Dias Koike

Tábata Couto da Silva Reis

Teresa Cristina Bujokas Soares Nunes

Teresa Garcia

Thais Amorim

Valderez Loiola

Valéria Machado Wintruff

Vanusia Estima

Vivian Ventura

Yula Cristina Gomes Cadette

Agradecemos às mulheres que nos formaram e nos inspiram:

Beatriz Delgado Goldar

Bibiana Falcão

Camille Ribeiro Arnaldi

Carmen Barranco Granados

Cecilia Carolino Menna

Cibele Arnaldi

Cristina Vecchio

Denise Granados

Élida Ribeiro Victoriano

Elka Bonetti

Fernanda Lima Gomes

Fernanda Mendonça

Georgina Oliveira

Girlene Carolino

Irene Dias

Kárita Vanni

Lourdes Tavares

Lúcia Margarido

Marcelina de Morais Pais

Mariana Arnaldi Petrosino

Marisa Granados Gonçalves

Mayra Maris Ribeiro

Milena Peccioli

Nathália Pires de Oliveira Lima

Piera Carolino

Priscila Mello D'Ambrósio

Rafaela Amorim Sales

Raquel Borges

Renata de Souza Ribeiro

Rita de Cassia Carolino

Rosana Delgado Goldar

Soraya Santos

Sueli Pires de Oliveira

Susana Rute Okada

Teodora Bortolucci

Tereza Maris Candian

Zarina Ribeiro Arnaldi

Livros são vivos e histórias também. Escreva aqui sua história e, então, compartilhe este livro para inspirar mais líderes.